Der Holocaust

Kompaktwissen Geschichte

Herausgegeben von Gerhard Henke-Bockschatz

Der Holocaust

Von Julian Kümmerle

Reclam

RECLAMS UNIVERSAL-BIBLIOTHEK Nr. 17090

Gestaltung: Cornelia Feyll, Friedrich Forssman
Kartenzeichnungen: Inka Grebner, Mainz
Gesamtherstellung: Reclam, Ditzingen. Printed in Germany 2016
RECLAM, UNIVERSAL-BIBLIOTHEK und
RECLAMS UNIVERSAL-BIBLIOTHEK sind eingetragene Marken
der Philipp Reclam jun. GmbH & Co. KG, Stuttgart
ISBN 978-3-15-017090-8
www.reclam.de

Inhalt

Einleitung

Wer sich heute – viele Jahrzehnte nach dem Ende des Zweiten Weltkriegs und in Zeiten von virtuellen Freundschaften mit Holocaust-Opfern auf Facebook – mit dem Holocaust befassen möchte, dem begegnet eine komplizierte Verflechtung von historischen, politischen und moralischen Fragen. Schon allein der Versuch, ein Geschehen begrifflich fassbar zu machen, das eigentlich unbegreiflich und unfassbar ist, erweist sich als schwierig. Die Dimensionen dessen, worum es tatsächlich geht, verdeutlichen sich nicht allein in der Ermordung von knapp sechs Millionen Juden, sondern auch in einem Vernichtungsbestreben, das darauf abzielte, elf Millionen Menschen aus dem alleinigen Grund umzubringen, weil sie Juden waren oder zu solchen erklärt wurden. Zahlreiche Fragen lassen sich stellen und drängen sich auf. Die Fragen nach dem »Warum die Juden?« und dem »Warum die Deutschen?« stehen dabei als »Urfragen des Holocaust« sicher ganz am Anfang der Auseinandersetzung – und wohl auch an deren Ende.

Noch bis in die 1960er Jahre war der Holocaust kein zentrales Thema bei der Beschäftigung mit dem Nationalsozialismus. Als das »Unsagbare« war er darin eher ein wenig konkretes Randphänomen, von dem man sich pauschal distanzierte. Der Holocaust war zu dieser Zeit Gegenstand von Gesprächen, Anlass des Trauerns, Schweigens und Verdrängens, aber weniger ein Forschungsgegenstand. Der Holocaust, so die lange Zeit vorherrschende Sicht, vollzog sich abgeschirmt und weit weg von der öffentlichen Kenntnis im Wesentlichen in den Gaskammern von Auschwitz-Birkenau.

Seither hat sich viel getan. Dies belegt nicht allein eine Studie aus dem Jahr 2014, welche die Holocaust-Erinnerungskultur auf Facebook und YouTube untersucht (Frieden, 2014). Die geschichtswissenschaftliche Forschung hat inzwischen ein sehr präzises, facettenreiches Bild vom Holocaust herausarbeiten können. Von Beginn der Deutungsansätze an konkurrierten dabei jedoch verschiedene Holocaust-Interpretationen. War der Holocaust, die von den Nationalsozialisten so genannte »Endlösung der Judenfrage«, konsequent erklärbar durch Hitlers zentrale Rolle und eine planvolle, systematisch vorangetriebene Umsetzung der Rassenideologie? Oder vollzog sich die Vernichtung der Juden vielmehr in einer unkontrollierten Dynamik und verlief gar mit Blick auf den ins Stocken geratenen Vormarsch der Wehrmacht in der Sowjetunion »improvisiert« (Martin Broszat)? Damit wäre der Massenmord an den Juden aber als Geschehen aufzufassen, das erst durch die Einbeziehung der konkreten Situation vor Ort erklärbar wird. Würde dies aber nicht bedeuten, neben dem Aspekt der Planung auch die Vorgeschichte des Holocaust als Erklärungsansatz zu unterschätzen? Ist in diesem Sinne nicht vielmehr von einem »Fluchtpunkt 1941« (Helmut Walser Smith) zu sprechen, weil in der deutschen Geschichte Kontinuitäten festgestellt werden können, die auf den Holocaust hinweisen? Welche Bedeutung käme in einer solchen Vorgeschichte der ideologischen Prägung, zumal dem Antisemitismus, zu? Und wie verhalten sich dazu andere, etwa materielle Motive? Oder aber wird der Holocaust überhaupt erst verständlich, wenn man ihn vor dem Hintergrund der Gewalteskalation des 20. Jahrhunderts betrachtet?

Der Holocaust an sich, der Massenmord an den europäischen Juden in der Zeit von 1939 bis 1945, steht dabei in einem engen Zusammenhang mit seiner unmittelbaren Vorgeschichte, der »Judenpolitik« des NS-Staates seit 1933. Vom 30. Januar 1933 an war der Antisemitismus Staatsziel. Der nationalsozialistischen Führung ging es nun darum, eine möglichst breite gesellschaftliche Akzeptanz für das Vorgehen gegen die Juden zu schaffen. Mit Beginn des Zweiten Weltkrieges 1939 wurden die gegen die Juden gerichteten Maßnahmen nicht nur konsequent auf die eroberten Gebiete ausgeweitet, sondern auch eine »territoriale Endlösung« (Klaus Hildebrand) der Judenfrage erwogen. Dass die Juden verschwinden müssten, war für die NS-Führung klar. Unklar blieb hingegen zunächst, wie dieses Vorhaben umgesetzt werden sollte. Vorerst stand dabei der »Madagaskar-Plan« im Vordergrund. Die im Einflussbereich des Deutschen Reiches lebenden Juden sollten auf die von Frankreich zur Verfügung zu stellende Insel vor der Ostküste Afrikas gebracht werden. Im Vorfeld des Krieges gegen die Sowjetunion wurde dann eine Vertreibung der europäischen Juden nach Sibirien oder in das Gebiet der Pripjetsümpfe in Weißrussland in Erwägung gezogen. Die hohe Todeszahl, mit der bei einer solchen Massendeportation zu rechnen sein würde, entsprach dabei durchaus den Absichten der Machthaber.

Alle Maßnahmen und Vorhaben resultierten schließlich in der »physischen Endlösung« (Klaus Hildebrand), die sich bereits in den Massenerschießungen im »Versuchsfeld Polen« seit 1939 andeutete, dann aber mit dem Überfall auf die Sowjetunion eine neue Radikalität und Breitendimension annahm. Territoriale Überlegungen traten mit zunehmender Kriegsdauer in den Hintergrund. Das alleinige Ermordungskriterium wurde es nunmehr, Jude zu sein, egal welchen Alters, Geschlechts oder welcher sozialen Zugehörigkeit. Die letzte Steigerung erfuhr diese »physische Endlösung« schließlich durch die angestrebte Ermordung aller europäischen Juden, zumal in den Vergasungsanlagen der Vernichtungslager. Erschießungen blieben dabei jedoch immer an der Tagesordnung. Entscheidend für die Geschichte des Holocaust sind somit Beginn, Verlauf und Ende des Zweiten Weltkrieges. 1939 wurde die Grenze von der Verfolgung hin zu einer sich dann stufenweise verwirklichenden Vernichtung der Juden überschritten. Dieser

Weg führte von der Ghettoisierung, den Deportationen, den Massenerschießungen über die Todeslager hin zu den Todesmärschen in den letzten Tagen der NS-Herrschaft.

Der Holocaust wird somit am ehesten erklärbar als ein mehrdimensionales Geschehen – und zwar nach Zeit, Raum und beteiligten Personen. Der Massenmord an den europäischen Juden vollzog sich in unterschiedlichen Phasen, an unterschiedlichen Orten und wurde verübt von und an unterschiedlichen Menschen. Diese drei Dimensionen – Phasen, Räume und Personen des Holocaust – sind daher nicht nur Hilfskonstruktionen der folgenden Erklärungsansätze, sondern auch deren Gliederungsmerkmal.

Zeittafel

1939

30. Januar	Hitlers »Prophezeiung« vor dem Reichstag über die »Vernichtung der jüdischen Rasse in Europa« während eines künftigen Weltkriegs
1. September	Deutscher Angriff auf Polen
3. September	Erste Massaker an polnischen Juden
8. Oktober	Anordnung zur Errichtung eines Ghettos in Łódź (ab 11. April 1940 von den deutschen Behörden in Litzmannstadt umbenannt)
18.–27. Oktober	Deportationen jüdischer Männer aus Wien, Mährisch-Ostrau und Kattowitz mit dem Ziel Nisko am San (Distrikt Lublin)

1940

12. Februar	Erste Deportation von Juden aus dem sog. »Altreich« (Stettin)
ab Mai	Ermordung jüdischer Patienten in psychiatrischen Anstalten im Reich

1941

22. Juni	Angriff auf die Sowjetunion
31. Juli	Göring beauftragt Heydrich, eine »Gesamtlösung der Judenfrage in deutschen Einflussgebieten in Europa« vorzubereiten

27.–29. August	Massaker von Kamenec-Podol'skij
29./30. September	Massaker von Babij Jar (Kiew)
15. Oktober	Beginn der systematischen Deportationen aus dem Reich
1. November	Baubeginn des Vernichtungslagers Bełżec
8. Dezember	Erste Morde durch Vergasung im Vernichtungslager Chełmno (Kulmhof)
11. Dezember	Kriegserklärung Deutschlands an die USA
12. Dezember	Rede Hitlers bei einer Tagung der Reichs- und Gauleiter der NSDAP mit Ausführungen zu den Juden
13. Dezember	Unklarer Tagebucheintrag Joseph Goebbels' zur Entschlossenheit Hitlers »bezüglich der Judenfrage«
18. Dezember	Notiz Heinrich Himmlers in seinem Dienstkalender: »Judenfrage. | als Partisanen auszurotten.«

1942

20. Januar	Wannsee-Konferenz zur »Endlösung der Judenfrage«
Frühjahr	»Aktion Reinhardt«: Plan zur Ermordung aller Juden im Generalgouvernement Herbst 1943
Juni	Erste Selektionen in Auschwitz
17. Juli	Erste Massendeportationen aus Westeuropa
22. Juli	Beginn der Deportationen aus dem Warschauer Ghetto nach Treblinka (»Aktion Reinhardt«)

1943

19. April	Beginn des Aufstands im Warschauer Ghetto
19. Mai	Berlin wird für »judenfrei« erklärt
21. Juni	Befehl Himmlers zur Räumung des letzten Ghettos in den sowjetischen Gebieten
4. Oktober	Rede Himmlers bei der SS-Gruppenführertagung in Posen
2./3. November	»Aktion Erntefest«: Abschluss der »Aktion Reinhardt«

1944

15. Mai – 9. Juli	Deportation von ca. 430 000 ungarischen Juden nach Auschwitz
23. Juni	Łódź (Litzmannstadt) als letztes Ghetto wird geräumt
28. Juli	Beginn der »Todesmärsche«
November	Letzte Vergasungen in Auschwitz
26. November	Befehl Himmlers zur Zerstörung der Krematorien in Auschwitz

1945

27. Januar	Befreiung von Auschwitz durch sowjetische Truppen
8. Mai	Bedingungslose Kapitulation der Wehrmacht

I Darstellung

1 Die Wahrnehmung des Holocaust im Wandel

Ein Blick auf die Forschungsgeschichte des Holocaust zeigt, dass sich dessen Verständnis insbesondere in den letzten zwanzig Jahren entscheidend gewandelt hat. Die Wahrnehmung des Völkermordes an den europäischen Juden hat sich erweitert und vertieft.

Eine Erweiterung hat sich vor allem seit der Öffnung der Archive im ehemaligen Ostblock ergeben. Diese hat eine nahezu flächendeckende Erforschung der Vorgänge in ebenjenen osteuropäischen Ländern und Regionen unter deutscher Besatzung ermöglicht, in denen die meisten Ermordungen stattgefunden haben. Dies führte zu einer Regionalisierung des Holocaust-Verständnisses. Die Untersuchung der Situation in den eroberten Gebieten an der Peripherie – weit weg vom Zentrum Berlin – konnte zeigen, dass dort die relativ eigenständige Rolle der direkt und indirekt an der Ermordung der Juden Beteiligten stärker zu betonen ist als bisher gedacht. Bezieht man das Verhalten der jeweiligen Bevölkerung noch mit ein, dann kann gesagt werden, dass auch dort der Holocaust nicht in einem sozialen Vakuum stattfand. Es gab in jedem der betroffenen Länder ein ganz konkretes gesellschaftliches Umfeld, das den Holocaust maßgeblich beeinflusste. Von diesem Orts- bzw. Raumbezug wurden das Verhalten der Täter und der Bevölkerung, aber auch die Überlebenschancen der Opfer mitbestimmt.

Eine Vertiefung der Erklärungsversuche für den Holocaust hat sich hingegen auch durch neue thematische Akzente ergeben. So ist vor allem ein Zusammenhang vom Massenmord an den Juden und den wirtschafts- bzw. geopolitischen Planungen des NS-Regimes erkannt worden. Fraglich ist dabei, wie dieser Zusammenhang genau zu beschreiben ist. Was war Ursache, was Wirkung? Neben der Holocaust-Verstrickung verschiedener Institutionen in Deutschland, etwa der Reichsbahn, des Auswärtigen Amtes und der Finanzverwaltung, hat sich zudem eine vertiefte Sichtweise des Holocaust durch die erneute Beschäftigung mit den Tätern und ihren Mordmotiven ergeben. Die Täterzahl musste deutlich nach oben korrigiert werden. Der Holocaust ist demnach als eine Tat zu verstehen, die von sehr vielen Tätern und Tatbeteiligten arbeitsteilig organisiert und ausgeführt wurde. Auch war sie keineswegs geheim geblieben. Die deutsche Bevölkerung verfügte in einer gewissen Breite über mitunter recht genaue Kenntnisse über das »offene Geheimnis« (Frank Bajohr / Dieter Pohl), was mit den Juden passierte.

Inzwischen dürfte es als allgemein anerkannt gelten, dass der Holocaust am ehesten multikausal zu verstehen ist. Es lassen sich verschiedene Ursachen des Holocaust bestimmen, die in einer mehr oder weniger engen Abhängigkeit und Wechselwirkung zueinander stehen: ideologische Prägung, die Rolle Hitlers und der auf ihn zurückgeführte »Führerwille«, bürokratische Entscheidungen, strategische Raumplanungen, wirtschaftliches Kalkül und die Radikalisierung im Rahmen des Kriegsgeschehens vor Ort. Diese Faktoren verstärkten sich gegenseitig und wirkten zusammen – teils geschehen lassend, teils unterstützend, teils aktiv betreibend und überbietend. Der Holocaust war damit kein Vorgang, der von Entwicklungen militärischer, politischer oder wirtschaftlicher Art unabhängig gewesen wäre. Insofern war er auch keine lineare Umsetzung der Ideologie des Antisemitismus, auch wenn er ohne diese unverständlich bleibt. Damit einher geht die noch zu Beginn der Holocaust-Forschung umstrittene, inzwischen aber konsensfähige These, dass die konsequente Ermordung der europäischen Juden keineswegs die direkte Umsetzung eines lange zuvor gefassten, detailliert ausgearbeiteten Plans der NS-Führung gewesen war. Vielmehr ist von einer »twisted road to Auschwitz« (Karl Schleunes) zu sprechen.

Allerdings ist die im Buchtitel Schleunes zum Ausdruck kommende synonyme Verwendung des Namens Auschwitz für den Holocaust nicht unproblematisch. Ähnlich verhält es sich mit der »Wannsee-Konferenz«, die in manchen Schulbüchern noch als »Entschluss-Konferenz« dargestellt wird. Beide Aspekte haben zweifellos ein großes Erklärungspotential in der Geschichte des Holocaust. Dennoch muss das sich in »Wannsee« und »Auschwitz« verdichtende Holocaust-Bild ergänzt werden. Organisatorische Erwägungen sowie das fabrikmäßige Töten ohne unmittelbare Konfrontation mit den Opfern beziehen sich auf Teilbereiche des Holocaust. Mehr als die Hälfte der Opfer wurde jedoch in zahllosen Massakern und Mordaktionen gewissermaßen von Angesicht zu Angesicht erschossen oder erschlagen. Geographisch kann daher zu Recht mit Blick auf die mittel- und osteuropäischen Juden von den dortigen »Bloodlands« (Timothy Snyder) gesprochen werden. Zudem ist es eine lange Zeit kaum beachtete Tatsache, dass der Holocaust mit ca. zwei Millionen getöteten Kindern der größte Kindermord der Weltgeschichte war.

Manches spricht dafür, dass der gegenwärtig erreichte Stand der Forschung tatsächlich in der Lage ist, eine Sicht auf den Holocaust freizugeben, die nicht durch Monokausalität und Eindimensionalität verengt ist, sondern eine Zusammenschau mehrerer Erklärungsversuche ermöglicht. Einzelperspektiven, die oft als Gegensatzpaare in der Holocaust-Forschung in Erscheinung traten, werden so verstanden werden müssen als Horizonterweiterungen, durch die der Holocaust angemessener zu erfassen ist. Menschen, die am Holocaust beteiligt waren, zeigen ideologische Prägungen und äußern in Handlungen konkrete Welt- und Menschenbilder. Zur Umsetzung ihrer

Absichten sind sie aber auf Strukturen wie Organisationen und Behörden angewiesen. Diese funktionieren aber nicht von sich aus, sondern durch Menschen, die ihr Tun mit gewissen Intentionen verbinden. Ohne die Initiativen vor Ort aber, weit weg von der NS-Führung in Berlin, konnte eine zentral gesteuerte Politik nicht funktionieren. Gleichwohl war das Funktionieren der Zentralmacht durch das Konkurrieren und die Überbietungsversuche der verschiedenen Funktionsträger gewährleistet. Ähnlich sieht es wiederum für das Verhältnis von Ideologie und eher materiellen, wirtschaftlichen Motiven oder Bereicherungsabsichten aus. Die materiellen Absichten, die oft hinter der »Arisierung« von jüdischem Vermögen oder der Ausbeutung von Arbeitskraft standen, wurden ideologisch bekräftigt. Die antisemitische Ideologie hingegen wurde durch diesen konkreten Nutzen gewissermaßen greifbar und geradezu in ihrer Richtigkeit bewiesen.

2 Holocaust – ein angemessener Begriff?

Sofern in der jungen Bundesrepublik überhaupt die Verbrechen an den Juden beim Namen genannt wurden, geschah dies oft durch distanzierende Umschreibungen oder Aufzählungen der konkreten Tatbestände. Das Wort »Holocaust« konnte damals noch nicht verwendet werden, weil es in der deutschen Sprache noch nicht zur Verfügung stand. Neben dem grundsätzlichen Problem der Begriffsfindung für einen in der Menschheitsgeschichte nie zuvor dagewesenen Vorgang zeigt sich hierin aber auch eine bezeichnende Leerstelle. Im Deutschen ist kein eigenes Wort entstanden, welches den von den Nationalsozialisten verwendeten, nach außen verschleiernden und nach innen rechtfertigenden Begriff »Endlösung der Judenfrage« ersetzt hätte. Stattdessen sind heute zwei Begriffe gängig, nicht nur im Deutschen, sondern auch im internationalen Sprachgebrauch: Holocaust und Shoa.

Holocaust

Das Wort »Holocaust« war und ist nicht unumstritten. Es lässt sich zurückverfolgen bis zur Septuaginta, der griechischen Übersetzung der hebräischen Bibel aus dem 3./2. Jh. v. Chr. In der Septuaginta werden die hebräischen Begriffe für Brandopfer (*olah*) und Ganzopfer (*kalil*) mit dem Wort *holocaustoma* übersetzt. Im 1. Buch Samuel heißt es etwa: »Und Samuel nahm ein Milchlamm und opferte es ganz als Brandopfer für den HERRN« (1. Sam. 7,9a). Die Wurzel des Begriffs Holocaust steht hier für ein Tieropfer, das ganz auf dem Altar verbrannt wird. Nur an einer, dafür jedoch sehr bekannten Stelle findet sich der betreffende Ausdruck in Bezug auf einen Menschen, nämlich bei dem an Abraham gerichteten Auftrag zur Opferung seines Sohnes Isaak: »Nimm deinen Sohn, deinen einzigen, den du lieb hast, den Isaak, und ziehe hin in das Land Morija, und opfere ihn dort als Brandopfer [...]« (1. Mose 22,2). Hier wird der Begriff nun aber gerade nicht für einen Mord, sondern für eine Opferhandlung verwendet, die letztlich durch das Eingreifen Gottes verhindert wurde.

Im Deutschen war der Begriff »Holocaust« vor 1945 nicht gebräuchlich. Dies lag auch daran, dass Martin Luther den oben erklärten biblischen Opfervorgang mit dem deutschen Wort »Brandopfer« übersetzt hat. In den romanischen Sprachen und im Englischen hingegen wurde das Wort über die Bibelübersetzungen in den allgemeinen Wortschatz übernommen. Zumal im Englischen fand der Begriff eine recht breite, unscharfe Verwendung. Er bezeichnete dort etwa Massenmorde, Großbrände mit zahlreichen Todesopfern, verlustreiche Kriegsereignisse und Naturkatastrophen. In Bezug auf ein ganzes Volk wurde der Begriff für die Massaker bzw. den Völkermord an den Armeniern Ende des 19. und Anfang des 20. Jahrhunderts verwendet. Seit den 1960er Jahren kam der Begriff im anglo-amerikanischen Sprachraum zunehmend für den Mord an den europäischen Juden durch das nationalsozialistische Deutschland auf. In Deutschland verbreitete er sich erst mit der Ausstrahlung der aufsehenerregenden amerikanischen TV-Serie »Holocaust – Die Geschichte der Familie Weiss« im Jahre 1979.

Shoa

In Israel hingegen wurde für die Ausstrahlung der amerikanischen Fernsehserie bezeichnenderweise nicht der schon früh umstrittene Titel »Holocaust« gewählt, sondern der Begriff *Haschoah*. Auch das hier verwendete hebräische Wort *Shoa* ist biblischen Ursprungs. Es bezeichnet ein unerwartetes, großes Unglück oder Verderben. Je mehr Informationen von den Verbrechen während des Zweiten Weltkrieges ans Licht kamen, desto spezifischer wurde die Bedeutung des Begriffs *Shoa*, der sich dann nach 1945 zu *ha Shoa* verdichtete – der einen, ultimativen Shoa. In der Unabhängigkeitserklärung des Staates Israel vom 14. Mai 1948 ist die Rede von »der Katastrophe (Shoa), die in unserer Zeit über das jüdische Volk hereinbrach und in Europa Millionen von Juden vernichtete […]«. Mit der Verwendung des Begriffs *Shoa* für den 1951 vom Staat Israel eingeführten offiziellen Gedenktag *Yom Hashoah* am 27. Nissan des jüdischen Kalenders verbreitete sich »Shoa« neben »Holocaust« weltweit zu einer zweiten Bezeichnung für den nationalsozialistischen Völkermord an den Juden.

Es bleibt nach diesem kurzen Gang durch die Begriffsgeschichte festzuhalten, dass der Begriff »Holocaust« wegen seiner ursprünglich religiösen Bedeutung als Brand- bzw. Ganzopfer schwierig ist. »Shoa« hingegen ist nicht nur in Israel ein eindeutiger, aussagekräftiger Begriff. Dennoch hat sich die Bezeichnung »Holocaust« in der internationalen Forschung verbreitet und verfestigt. Auffällig sind jedoch Unterschiede in der Ansetzung des genauen Zeitraums, auf welchen sich die beiden Begriffe beziehen. Der Begriff »Shoa« wird innerhalb und außerhalb Israels unterschiedlich verwendet. In Israel bezieht sich die Shoa meist auf die Zeit seit Beginn der NS-Diktatur im Jahr 1933, während sonst die Shoa oder der Holocaust eher auf die Zeit von 1939 bis 1945 bzw. 1941 bis 1945 beschränkt werden.

War der Holocaust einzigartig?

Das Wort »Shoa« bezieht sich hinsichtlich der von den NS-Verbrechen betroffenen Menschen ausschließlich auf die Juden. Der Begriff hebt zudem die Besonderheit der Zeit von 1933 bis 1945 im Rahmen der Gesamtgeschichte der antijüdischen Verfolgungen hervor. Die Reichweite des Begriffs »Holocaust« hingegen ist nicht immer eindeutig. Wer ist eigentlich gemeint, wenn von den Opfern des Holocaust die Rede ist? Und: Wie fällt ein Vergleich zwischen dem Holocaust und anderen Völkermorden der Neuzeit aus? »Ein so ungeheuerliches Verbrechen hat die Welt noch nicht gesehen« – so wurde die sich vollziehende Verfolgung und Ermordung der Juden bereits am 28. September 1942 im polnischen Untergrund verstanden (VEJ, Bd. 9, Dok. 149, S. 464). Natürlich war das ganze Ausmaß der Vorgänge, die später in ihrer Gesamtheit als Holocaust bezeichnet wurden, zur damaligen Zeit noch gar nicht ersichtlich. Dennoch zeigen frühe Belege, dass die Frage der Vergleichbarkeit des Holocaust bereits während der Ereignisse selbst thematisiert wurde.

Einer der besten Kenner der Massenverbrechen des Nationalsozialismus, der Historiker Dieter Pohl, hat nach den älteren Debatten des »Historikerstreits« (Kontroversen, 3) jüngst die Frage nach der Bewertung des Holocaust vor dem Hintergrund der Massengewalt des 19. und 20. Jahrhunderts präzisiert. Es gehe bei der Beantwortung der Frage nach der Vergleichbarkeit des Holocaust darum, »Kontexte der Gewalt« festzustellen, die mittelbar oder unmittelbar auf die nationalsozialistische »Endlösung« eingewirkt haben. Aber auch Bezüge, welche von den Tätern selbst zu anderen Verbrechen hergestellt wurden, seien zu berücksichtigen. Solche »Kontexte der Gewalt« sind nach Pohl in der Brutalisierung der europäischen Politik ab 1918 zu suchen, vor allem aber in der allgemeinen Gewalt, welche die Nationalsozialisten, ihre Anhänger und Verbündeten ausgeübt haben. Pohl führt dabei ein oft übersehenes Grundsatzproblem an, indem er die Geschichtswissenschaft an ihre Grenzen und die Historiker an die Standortgebundenheit ihrer Erkenntnis erinnert. Die Einbettung des Holocaust in andere Zusammenhänge sei nämlich eine Konstruktionsleistung, die vom Standpunkt des jeweiligen Historikers abhänge. Pohl kommt daher zu dem Ergebnis, dass sich andere NS-Verbrechen eher mit ähnlichen Vorgängen aus anderen Ländern oder zu anderen Zeiten vergleichen lassen. Der Mord an den Juden hingegen bleibt als Vergleichsgegenstand schwierig. Denn die Vernichtung der europäischen Juden war ein Vorgang, der sich selbst von den anderen nationalsozialistischen Menschheitsverbrechen deutlich unterscheidet. Der Holocaust ist daher mit Pohl als »der Kern des größten und radikalsten Mordprogramms der Geschichte« zu bezeichnen (Pohl, 2012, S. 123).

Damit steht die Frage nach der historischen Bewertung des

Holocaust im Raum. Immer wieder wurde über dessen Vergleichbarkeit unter dem Begriff der »Singularität des Holocaust« gestritten. Der Holocaust sei insofern »einzigartig« bzw. »beispiellos«, als er sich auch von vergleichbaren Massenmorden in der Geschichte der Menschheit prinzipiell hinsichtlich seiner Ziele, der Durchführung und der Größenordnung unterscheide. Als Gründe hierfür werden angeführt:

- der Charakter des Holocaust als Vernichtungs- und Ausrottungsfeldzug
- die Rassenideologie, welche auf die vollständige Eliminierung einer Gruppe von Menschen allein aufgrund ihrer Herkunft zielte
- das systematische Programm bzw. die strategisch verfolgte Absicht der Verfolgungsmaßnahmen und Massenmorde
- die Umsetzung des Holocaust durch einen modernen Industriestaat, insbesondere in den »Tötungsfabriken«
- die europaweite Dimension des Holocaust
- die Durchführung des Holocaust durch eine »Kulturnation« (Zivilisationsbruch-These).

Einwände grundsätzlicher Art gegen diese Singularität des Holocaust wurden hingegen vorgebracht, indem der Begriff der »Singularität« bzw. der Einzigartigkeit als solcher kritisiert wurde. Schließlich sei jedes historische Ereignis einzigartig und nicht wiederholbar. Zudem dürfe »Einzigartigkeit« nicht so aufgefasst werden, dass der Holocaust mit nichts Ähnlichem verglichen werden könne.

Es gehört nun aber zum erinnerungspolitischen Konsens, dass die Opfergruppen des Nationalsozialismus nicht gegeneinander ausgespielt werden. Dennoch kommt dem Völkermord an den Juden eine besondere Bedeutung zu – auch, aber nicht nur wegen der hohen Zahl der Ermordeten. Neueste Zahlen gehen von knapp unter sechs Millionen Juden aus, die in der Zeit von 1939 bis 1945 ermordet oder unter den Bedingungen in den Ghettos, in den Lagern oder auf den Todesmärschen durch Krankheiten, Erschöpfung und Hunger umgekommen sind. Zwar war die Vernichtungspolitik gegen die Juden untrennbar mit dem Krieg verbunden, dennoch kann nicht im engeren Sinne von Kriegsopfern gesprochen werden. Hier ist ein Unterschied zu den gefallenen Soldaten und den getöteten Zivilisten zu sehen. Außerdem können Unterschiede zu anderen Opfern des NS-Regimes festgestellt werden. So waren natürlich auch politische oder religiöse Gegner des Nationalsozialismus der Verfolgung ausgesetzt und wurden ermordet. Jedoch waren sie in der Regel nicht Opfer einer detaillierten Vernichtungsstrategie. Politische und religiöse Gegner, die sich nicht weiter entsprechend betätigten, konnten – zumindest theoretisch – Leib und Leben retten. Die Juden hingegen wurden ermordet »für das, was sie waren, nicht für das, was sie taten« (Brakel, 2008, S. 177). Das galt natürlich auch für die Behinderten, die unabhängig von ihrem Verhalten Opfer einer planmäßigen Ermordung im Zuge der »Euthanasie« wurden. Trotz des erklärten Vernichtungswillens des NS-Regimes gegenüber geistig und körperlich Behinderten galten diese nicht als gefährliche Feinde des deutschen Volkes. Auch wurde ihnen keine Weltverschwörung unterstellt. Die Vernichtung der Juden blieb hingegen immer vorrangig.

Am ehesten noch ist der Holocaust mit dem Massenmord an den Roma vergleichbar, für den der Begriff »Porajmos« Verbreitung gefunden hat. Auch hier muss bei aller Ähnlichkeit betont werden, dass es die Juden waren, die im Zentrum der NS-Rassenideologie standen und auf die sich bis zum letzten Tag der NS-Herrschaft primär deren Vernichtungsvorhaben richtete. Die Juden waren die Hauptfeinde und hatten eine singuläre Bedeutung – auch und gerade in der Weltanschauung Adolf Hitlers.

3 Vorgeschichte des Holocaust

Die Frage nach den historischen Wurzeln des Holocaust ist nicht nur berechtigt, sondern regelrecht notwendig. Denn der Holocaust war nicht voraussetzungslos. Zu seinem historischen Verständnis kann daher die Beachtung der Vorgeschichte beitragen. Doch wie weit reicht diese zurück? Bis ins Kaiserreich, bis in die Frühe Neuzeit oder noch weiter? Der Holocaust-Historiker Raul Hilberg hat in diesem Zusammenhang betont, dass unmittelbar nach der Machtübernahme der Nationalsozialisten 1933 kein Bürokrat hätte »vorhersagen können, welche Art von Maßnahmen man 1938 ergreifen würde, noch war es 1938 möglich, den Ablauf des Geschehens im Jahr 1942 vorauszusehen« (Hilberg, 2010, S. 56.). Auch die unmittelbare Vorgeschichte des Holocaust, also die Jahre der NS-Herrschaft von 1933 bis 1939, ist damit noch nicht als die hinreichende Bedingung für den Holocaust anzusehen. Notwendig für das Verständnis des Holocaust ist diese unmittelbare Vorgeschichte aber ebenso wie die wesentlich weiter zurückreichende Geschichte der Judenfeindschaft.

Antijudaismus, Antisemitismus oder Judenfeindschaft?

Nicht erst seit Daniel Goldhagens Behauptung vom typisch deutschen Antisemitismus wurde das »Woher« und »Warum« antisemitischer Einstellungen in Deutschland diskutiert. Vor dem Hintergrund der Goldhagen-Debatte (Kontroversen, 3) berief sich der Stuttgarter Historiker Eberhard Jäckel auf eine bemerkenswerte Aussage des amerikanischen Historikers George L. Mosse. Hätte man – so Mosse – den Menschen in Deutschland im Jahr 1914 erzählt, dass innerhalb einer Generation die meisten europäischen Juden ermordet sein würden, so wäre die Antwort sehr wahrscheinlich gewesen: »Die Franzosen sind zu jedem Verbrechen fähig. Man könnte sich auch vorstellen, dass die Leute die Russen, die Polen oder die Österreicher verdächtigt hätten. Die Deutschen wären ihnen wohl zuletzt eingefallen.« (Jäckel, 1996, S. 23) Diese Feststellung gibt nicht nur einen Hinweis auf die Verbreitung nationaler Vorurteile zu Beginn des 20. Jahrhunderts, sondern auch darauf, dass der Antisemitismus und die bis in die Antike zurückreichende Tradition der religiös begründeten Judenfeindschaft auch in anderen Ländern ihre Wirkung entfalteten, ohne dass es dort zum Völkermord an den Juden gekommen ist. Gegen Juden gerichtete Krawalle gab es im späten 19. Jahrhundert vorwiegend in osteuropäischen Ländern, in denen Tausende Juden, die vom staatlichen Gewaltmonopol nicht geschützt waren, in mehreren Pogromwellen getötet wurden. Aber auch hier ist präzise zu unterscheiden: Die Volkskrawalle im 19. Jahrhundert sind etwas anderes als die staatlichen Zwangsmaßnahmen und die systematische Ermordung der Juden im Nationalsozialismus. Ebenso sind jene Traditionslinien eher schwach ausgeprägt und nicht direkt auf den Holocaust zu beziehen, die auf das Aufkommen des modernen Rassedenkens und den europäischen Kolonialismus im 19. Jahrhundert zurückgeführt werden. Natürlich gab es auch und gerade im Deutschland des 19. Jahrhunderts nationalistische Vertreibungsphantasien und aggressive Vorstellungen von ethnischer Reinheit mit dem Ziel der rassisch motivierten Umsiedlung. Dennoch ist der Unterschied dieses Denkens und Handelns zum Holocaust zu betonen. Eine auch »nur« ideengeschichtliche Vordatierung des Holocaust wäre daher verfehlt. Zum Holocaust kam es gewiss nicht zufällig. Er war, wie auch Hitler und der Nationalsozialismus insgesamt, zweifellos »kein Betriebsunfall« (Fritz Fischer) der deutschen Geschichte. Der Holocaust war aber auch keine zwangsläufige Folge aus Prägungen und Ideologien des

19. Jahrhunderts. Der Weg von kulturell-nationalen Einheitsidealen und dem Rassismus des 19. Jahrhunderts hin zum Massenmord an den Juden im Nationalsozialismus ist somit lang. Lineare Kontinuitätsthesen und eine Zwangsläufigkeit andeutende Fluchtpunktmetaphorik sind kritisch zu sehen.

In vielen Schulbüchern, aber auch in manchen Sachbüchern wird strikt zwischen einem rassischen Antisemitismus und einem religiös geprägten Antijudaismus unterschieden. Von Antijudaismus wird in der Regel gesprochen, wenn die Motive der Feindschaft überwiegend religiös sind. Hingegen wird der Begriff Antisemitismus meist dann verwendet, wenn die Gründe für den Judenhass vorwiegend nationalistisch, sozialdarwinistisch oder rassistisch waren. Der historische Antisemitismus wird dabei von Seiten der Antisemitismus-Forschung grob in zwei verschiedene Phasen unterteilt: einen Frühantisemitismus (von etwa 1800 bis 1879) und einen »modernen«, rassistischen Antisemitismus (von 1879 bis 1945). Die Unterscheidung von Antisemitismus und Antijudaismus ist dabei jedoch nicht immer trennscharf. Der moderne Antisemitismus des 19. Jahrhunderts steht durchaus in einer gewissen Tradition des Antijudaismus. Er hat dessen Erbe angetreten, es in sich aufgenommen und verändert. Nun können aber auch die beiden Begriffe Antijudaismus und Antisemitismus als Ausprägungen des einen historischen Phänomens der Judenfeindschaft verstanden werden, das seit etwa 2500 Jahren existiert. Insofern wurde zur besseren Unterscheidung der allgemeinere Begriff »Judenfeindschaft« vorgeschlagen, der die beiden anderen Begriffe umfasst. Dabei lassen sich fünf Schichten erkennen:

1. vorchristliche antike Judenfeindschaft;
2. spätantiker und mittelalterlicher christlicher Antijudaismus;
3. neuzeitliche Judenfeindschaft, die noch im christlichen An-

tijudaismus wurzelt, aber schon moderne Formen des Judenhasses aufnimmt;

4. moderner Antisemitismus, der sich im Rassenantisemitismus und schließlich besonders in der nationalsozialistischen Vernichtungspolitik äußert;
5. Antisemitismus »nach Auschwitz«, z. B. der israelbezogene Antisemitismus.

Kaiserreich und Weimarer Republik

Bis in die 1960er Jahre herrschte in der Geschichtswissenschaft die Sichtweise vor, wonach der gerade in Deutschland stark ausgeprägte »moderne Antisemitismus« (s. o.) ein zentraler, vielleicht sogar der entscheidende Faktor für die Planung und Umsetzung des Holocaust gewesen sei. Demgegenüber wurde dann aber betont, dass der Antisemitismus während der Weimarer Republik eher als Randphänomen gesehen werden müsse. Eine antisemitische Massenwirkung hätten die radikalen völkischen Gruppierungen eher nicht erzielt. Selbst für die nationalsozialistische Bewegung konnte behauptet werden, der Nationalsozialismus sei nicht wegen, sondern trotz seines Antisemitismus an die Macht gelangt. Der Antisemitismus der nationalsozialistischen Bewegung sei demnach anfangs weniger eine politische Grundeinstellung, sondern vielmehr eine Protestbekundung angesichts eines tatsächlichen oder nur befürchteten sozialen Abstiegs gewesen. Es ist bemerkenswert, dass es nur wenige wissenschaftliche Untersuchungen gibt, welche die Reichweite und Wirksamkeit judenfeindlicher Einstellungen im 19. und frühen 20. Jahrhundert belegen können. Trotz oder gerade wegen des Mangels an stichhaltigen Untersuchungen konnte es zu extremen Pendelbewegungen in der Wahrnehmung des Phänomens des Antisemitismus in der unmittelbaren Vorgeschichte des Dritten Reichs kommen. Das Spektrum reichte von einer »Randerscheinung« zur Zeit der Weimarer Republik bis hin zur einer bereits hier erfolgten »Infizierung« der gesamten deutschen Gesellschaft mit einem »eliminatorischen Antisemitismus« (Daniel Goldhagen; Kontroversen, 3).

Es ist jedoch unstrittig, dass es spätestens seit den 80er Jahren des 19. Jahrhunderts in Deutschland einen radikalen, organisierten und aktiven Antisemitismus gab. Dieser sammelte sich in Verbänden wie etwa dem »Alldeutschen Verband«, dem »Deutschnationalen Handlungsgehilfenverband«, vor allem aber im »Deutschvölkischen Schutz- und Trutzbund«, der ca. 200 000 Mitglieder zählte. Gleichwohl lässt sich trotz eines antisemitischen Klimas in den Jahrzehnten um 1900 offenbar kein deutlicher Anstieg von gewaltsamen Übergriffen gegen Juden nachweisen. Zudem sind die Verbindungslinien zur antisemitischen Politik nach 1933 recht schwach ausgeprägt. Hinsichtlich einer eher passiven antisemitischen Grundstimmung ist dies aber anders. Diese sah in den Juden Fremdkörper, unterstellte ihnen negative Charaktermerkmale und machte sie für Krisenphänomene in der deutschen Gesellschaft verantwortlich. Deutlich wird eine solche Haltung am Beispiel des »Bäderantisemitismus«. Gegen Ende des 19. Jahrhunderts warben viele Bade- und Kurorte, zumal die beliebten Nord- und Ostseebäder, mit »judenfreien« Stränden und Hotels. Sie sprachen damit das Bedürfnis an, gerade im Urlaub nicht mit Juden in Kontakt kommen zu wollen.

Etwas verkürzt, aber doch wohl zutreffend kann die Frage nach der Wirkung des Antisemitismus im Kaiserreich in jene Aussage eingeordnet werden, die das Verhältnis von Kaiserreich und Drittem Reich grundsätzlich zu beschreiben versucht: »Das Dritte Reich ist gewiss nicht vom Himmel gefallen; aber das Kaiserreich ist deshalb nicht schon die Startrampe, von der aus der Siegeszug der Nationalsozialisten seinen Ausgang nahm« (Zmarzlik, 1982, S. 253, und Kißener, 2005, S. 40 f.). Gleichwohl hat sicher eine eher als passiv zu charakterisierende antisemitische Grundstimmung zur Duldung des radikalen Antisemitismus beigetragen. Und sicherlich hatten diese antisemitischen Traditionen eine nicht unerhebliche Bedeutung, wenn es um die gesellschaftliche Akzeptanz der konsequenten Beseitigung der Juden aus der »Volksgemeinschaft« des Nationalsozialismus ging. An viele schon länger vorhandene, mehr oder weniger offen zutage tretende Einstellungen konnte der Antisemitismus des Nationalsozialismus anknüpfen. Diese Prägungen haben dem Antisemitismus des nationalsozialistischen Regimes einen nützlichen Dienst erwiesen und diesen zum Teil auch aktiv vorbereitet. Dass der Antisemitismus im Kaiserreich allerdings die Judenvernichtung in der Zeit des Nationalsozialismus erst ermöglicht hat, ist zu bezweifeln. Denn schließlich wäre zu fragen, wie ein solcher Ursachenzusammenhang überhaupt nachgewiesen werden soll.

Ähnlich sieht der Befund auch für die Zeit der Weimarer Republik aus. Zwar lässt sich sagen, dass es in der Weimarer Republik tatsächlich einen gewissen Bevölkerungsanteil gab, der radikale antisemitische Ansichten vertrat. Zu körperlicher Gewalt gegen Juden kam es jedoch relativ selten. Prägend für die 1920er Jahre waren weniger offene Gewalteskalationen eines aggressiven Antisemitismus als vielmehr die um sich greifenden Schmähkampagnen, die ihren bezeichnenden Ausdruck in Ritualmordgerüchten oder etwa in der Publikation der »Protokolle der Weisen von Zion« fanden. Spätestens in den frühen 1930er Jahren wurden auch die NSDAP und die SA zu Sammelbecken antisemitisch gesinnter Bevölkerungsgruppen.

Der Antisemitismus nach 1933 unterschied sich deutlich von jenem des Kaiserreichs und der Weimarer Republik durch seine Umsetzung in eine aggressive, auf territoriale Ausdehnung strebende Politik. Die aggressiven Worte waren nun nicht mehr »nur« Handlungsersatz, sondern »Wegbereiter der Tat« – so der Antisemitismus-Forscher Werner Bergmann (Bergmann, 1997, S. 367). Ein Massenmord an den Juden war nunmehr eine durchaus denkbare, einkalkulierte Konsequenz, weil dieser Antisemitismus auf die prinzipielle Beseitigung der Juden aus war, auch wenn zunächst weithin unklar blieb bzw. gelassen wurde, wie dies genau geschehen könne. Entscheidend war, dass der Antisemitismus ab 1933 zur Staatsdoktrin erhoben wurde. Er konkretisierte sich nun im Zusammenspiel von staatlichen Institutionen und Parteiorganisationen der NSDAP und verdichtete sich zu einer radikalen, im Wortsinne an die Wurzel zielenden Vorgehensweise gegen die Juden. Diese wurde schrittweise über die zunehmende Ausgrenzung, Entrechtung und Verfolgung umgesetzt.

Hitlers ausgeprägter Judenhass und insbesondere seine wiederholten Hinweise auf die Vernichtung der Juden haben immer wieder zu Überlegungen geführt, welche Rolle Hitlers persönlicher Antisemitismus für den Holocaust gespielt hat. Erst jüngst wurde ein Brief von Heinrich Heim entdeckt, dem späteren SS-Standartenführer und Adjutanten von Martin Bormann im Führerhauptquartier. Heim hatte als Student Hitler im August 1920 in München besucht. Bereits damals hatte Hitler geäußert, man müsse die Juden »ausrotten«, denn es gehe »um Sein oder Nichtsein« des deutschen Volkes (Ullrich, 2013, S. 123). Hinlänglich bekannt sind die für Hitler typischen Äußerungen in *Mein Kampf*. Dort hatte er etwa mit Blick auf den Ersten Weltkrieg festgestellt, dass vielleicht einer Million

Deutscher hätte das Leben gerettet werden können, wenn zwölf- bis fünfzehntausend Juden »unter Giftgas gehalten« worden wären (zit. n. Kißener, 2005, S. 29). Und noch kurz vor seinem Selbstmord hatte Hitler am 29. April 1945 um 4 Uhr morgens im Schlusssatz seines »Politischen Testaments« die Verpflichtung zum »unbarmherzigen Widerstand gegen die Weltvergifter aller Völker, das internationale Judentum«, diktiert.

Die Frage, auf wen also die Planung des Holocaust zurückgeht, schien lange recht eindeutig mit dem Hinweis auf die Vorstellungen und Äußerungen, ja mit den konkreten Befehlen Hitlers beantwortet werden zu können. Ein »gerader Weg« (Fleming, 1982, S. 13) führe von Hitlers radikalen Äußerungen zu den Massenerschießungen und Massenvergasungen des Holocaust. Schwieriger freilich wurde der Nachweis eines solchen Erklärungsansatzes allein schon mit dem Hinweis auf den »Führerwillen«, ein Phänomen, das zeigt, dass auch die angeblichen, nur mutmaßlichen Äußerungen und Meinungen Adolf Hitlers höchste Autorität im NS-Staat beanspruchten. Dass der Nachweis eines solchen »geraden Weges« von einem Plan Hitlers hin zu dessen Umsetzung im Zuge des Zweiten Weltkrieges nicht zu führen ist, verdeutlicht eine der vielschichtigsten geschichtswissenschaftlichen Kontroversen zum Holocaust (Kontroversen, 1).

Hitlers Antisemitismus als »Erlösungsantisemitismus«

Der Holocaust-Historiker Saul Friedländer hat, wie viele andere, versucht, die Ideologie des Holocaust zu erklären, und dabei mit dem Begriff »Erlösungsantisemitismus« einen Erklärungsansatz entwickelt, der jedoch zugleich die zentrale Bedeutung Adolf Hitlers für den Holocaust betont. In Friedländers Konzept ist der Erlösungsantisemitismus die radikalste Form des Judenhasses. Im Erlösungsantisemitismus verschmelzen die Vorstellungen des Rassenantisemitismus mit religiösen Elementen zu einer Art Glaubenssystem, in welchem der Erlösung der »arischen« Menschheit durch die endgültige Vernichtung der Juden die entscheidende Bedeutung zukommt. Dieser Ansatz leistet einen wichtigen Beitrag, um zu erklären, warum die Juden die einzige Gruppe unter den vielen Opfern des NS-Regimes gewesen sind, die bis auf den letzten Angehörigen hatte vernichtet werden sollen. Eine solche »politische Religion« sei von der höchsten Instanz im NS-Staat verkündigt worden: Adolf Hitler. Er sei es gewesen, der die Vorstellung von einem letzten Kampf gegen die Juden propagiert, der NS-Bewegung auf diese Weise geradezu religiösen Eifer vermittelt und der NS-Ideologie tödliche Wirkung verliehen habe. Gleichwohl ist es bei aller Schlüssigkeit dieses Ansatzes – wieder einmal – schwer, exakt zu bestimmen, in welchem Ausmaß Hitlers Erlösungsantisemitismus neben dem inneren Führungszirkel der NSDAP auch diejenigen Institutionen durchdrungen hat, die keine Gliederungen der Partei waren, etwa die Wehrmacht.

Die Juden in Deutschland 1933–1939

Im Juni 1933, das hatte die Volkszählung in diesem Monat ergeben, lebten ca. 65 Millionen Menschen in Deutschland. Etwa eine halbe Million davon bekannte sich zum jüdischen Glauben. Die größte jüdische Gemeinde befand sich mit ca. 140 000 Angehörigen in Berlin. Dort erreichten die Juden einen Bevölkerungsanteil von etwa 4 %, sonst lag ihr Anteil in den Großstädten bei ca. 1 %. 13,6 % der Juden lebten in Orten, welche zwischen 10 000 und 100 000 Einwohner hatten, 15,5 % in Orten mit unter 10 000 Einwohnern. In sozialer und wirtschaftlicher Hinsicht war die Mehrheit der Juden in Deutschland dem städtischen Mittelstand zuzurechnen. 61 % der Berufstätigen arbeiteten im Handel und Gewerbe, 23 % in der Industrie und im Handwerk, 12,5 % im öffentlichen Dienst, nur 1,7 % in der Landwirtschaft. Etwa die Hälfte der erwerbstätigen Juden war selbständig. Stark vertreten waren sie unter den Rechtsanwälten und Ärzten. Die Juden sahen sich als Deutsche, die sich zum jüdischen Glauben bekannten. Sie betrachteten sich sozial, kulturell und politisch selbstverständlich als Teil der deutschen Gesellschaft – und wollten dies auch bleiben.

In der Ausgrenzung und Verfolgung jüdischen Lebens nach 1933 lassen sich drei Phasen unterscheiden. Unmittelbar nach dem Beginn der nationalsozialistischen Herrschaft am 30. Januar 1933 schritt die Regierung Hitler in einer ersten Phase (1933–35) mit Einzelmaßnahmen zur Tat. Gleich im Februar 1933 organisierten SA- und SS-Leute erste, oft gewalttätige Boykottaktionen gegen jüdische Kaufleute und Hochschullehrer. Nach der Reichstagswahl vom 5. März 1933 beauftragte Hitler seinen Innenminister Wilhelm Frick mit dem Entwurf antisemitischer Gesetze. Bereits hier zeigt sich eine gewisse Widersprüchlichkeit im Vorgehen und in der Kommunikation nach außen. So sprach sich Hitler am 10. März 1933 gegen unkontrollierte Einzelaktionen aus, während Hermann Göring einen Tag später die Weigerung zum Ausdruck brachte, jüdische Geschäfte von der Polizei schützen zu lassen. Exemplarisch für diese erste Phase ist der »Judenboykott« vom 1. April 1933, von dem nicht nur jüdische Läden, sondern auch Arztpraxen, Banken und Kanzleien betroffen waren. Auch das »Berufsbeamtengesetz« vom 7. April 1933 gehört in diese Phase, die durch den Anschein von Legalität der Maßnahmen gekennzeichnet war.

Vom Beginn der NS-Herrschaft 1933 an war die antisemitische Politik damit zunächst durch ein zwar teilweise unübersichtliches, dennoch aber konsequentes Vorgehen gekennzeichnet. Die Maßnahmen erfolgten in einem mehrere Jahre umfassenden Prozess als Pendelbewegung von organisierter Gewalt der Straße und scheinbar deeskalierender juristischer Verwaltungspraxis, von punktueller, aggressiver Eskalation und anschließender Beschwichtigung. Darin ist gleichwohl eine spezifische Strategie zu sehen, durch die sich die Verfolgung der Juden in Deutschland zunehmend verschärfte: »Druck von unten, grünes Licht von oben, weitere Gewalt von unten, Zügelung und Besänftigung der Radikalen durch diskriminierende Gesetzgebung« (Kershaw, 1998, S. 717).

Die Frage allerdings, wie die Mehrheit der Deutschen in dieser ersten Phase auf den nun staatlichen Antisemitismus reagierte, ist damit noch nicht beantwortet. Offensichtlich war dieser zunächst von vielen nicht aktiv übernommen worden. Eine Mehrheit der Deutschen schien gegenüber der antisemitischen Agitation der NSDAP zunächst wenig empfänglich, ein Teil missbilligte das Vorgehen gegen die Juden sogar. Jedoch akzeptierte eine Mehrheit der Deutschen offensichtlich das politische und propagandistische Geschehen weitgehend und ließ es geschehen. Damit ist aber auf der Suche nach gesellschaftlichen Gegebenheiten in Deutschland, die den Holocaust zwar nicht direkt erklären, aber doch zumindest begünstigten, ein wichtiges Element benannt: die fehlende Anteilnahme am Schicksal der jüdischen Mitbürger. Vielen lagen die eigenen Interessen näher als offener, breitangelegter Protest gegen das antisemitische Vorgehen des Staates. Die staatliche Indoktrination zeitigte Wirkung: Die Juden wurden zunehmend als Fremdkörper betrachtet, denen die Entrechtung und Ausgrenzung in gewisser Weise zu Recht geschehe.

Nach einer Zeit relativer Abschwächung der judenfeindlichen Aktivitäten wurde am 15. September 1935 mit den berüchtigten »Nürnberger Rassegesetzen« eine zweite Phase (1935–38) eröffnet, die bis zur »Reichspogromnacht« am 9. November 1938 dauerte. Im April 1933 hatte der NS-Staat den deutschen Juden das Recht genommen, im öffentlichen Dienst bzw. als Beamte zu arbeiten. Das Recht der »Wehrwürde«, für Deutschland als Soldaten kämpfen zu dürfen, wurde ihnen im Mai 1935 abgesprochen. Die Nürnberger Gesetze vom 15. September 1935, zumal das »Reichsbürgergesetz« und das »Gesetz zum Schutz des deutschen Blutes und der deutschen Ehre«, nahmen den deutschen Juden die politischen Rechte, erklärten sie zu bloßen Staatsangehörigen und verboten Eheschließungen und nichteheliche sexuelle Beziehungen zwischen Juden und Nichtjuden.

Innerhalb dieser Entwicklung kommt dem Novemberpogrom 1938 besondere Bedeutung zu. In der Nacht vom 9. zum 10. November 1938 wurden in ganz Deutschland Synagogen durch Angehörige von Sturmabteilung (SA) und Schutzstaffel (SS) angezündet, Schaufenster jüdischer Geschäfte zertrümmert und Wohnungen jüdischer Bürger verwüstet. Laut offizieller Bilanz wurden bei diesen Terrorakten 91 Personen getötet, 267 Synagogen bzw. Gemeindehäuser zerstört und 7500 Geschäfte demoliert. Tatsächlich starben während und infolge der Ausschreitungen weit mehr als 1300 Menschen. Zudem wurden mehrere zehntausend männliche Juden inhaftiert und in die drei Konzentrationslager Buchenwald, Dachau und Sachsenhausen verschleppt. Ziel war es, sie zur Emigration zu drängen und ihr Vermögen zu »arisieren«. Das Novemberpogrom 1938 markiert den Übergang der Judenverfolgung im nationalsozialistischen Deutschland von scheinbar »legalen«, administrativen Maßnahmen hin zur offenen Gewalt. Im Verhältnis zum Holocaust ist das Novemberpogrom daher im Rückblick mit gewissem Recht als die »Katastrophe vor der Katastrophe« (Raphael Gross) gedeutet worden.

Dieses Ereignis eröffnete die dritte Phase, welche bis zum Kriegsbeginn am 1. September 1939 reicht. Die Erfahrung aus dem Novemberpogrom, dass der Großteil der deutschen Bevölkerung weder protestiert noch sich begeistert an den Gewaltexzessen beteiligt hatte, führte zu einer Fortführung der Ausgrenzung und Entrechtung mittels Gesetzen und Verordnungen. Zusätzlich wurde nun verstärkt auf die »Evakuierung« der Juden gesetzt. Die »Judenfrage« sollte durch »Auswanderung oder Evakuierung« gelöst werden – so lautete der Auftrag Hermann Görings an Reinhard Heydrich vom 24. Januar 1939 (vgl. dazu indirekt: Quelle 3). Am 11. Februar 1939 wurde daraufhin die »Reichszentrale für jüdische Auswanderung« gegründet. Die Behörden verfolgten nun zwei Ziele: die Juden zu enteignen und sie zur Auswanderung zu drängen. Um jedoch auswandern zu können und im Ausland Aufnahme zu finden, benötigten die Verfolgten Geld. Die Auswanderung wurde damit zunehmend schwieriger, wenngleich sie von Seiten des NS-Staates immer noch favorisiert wurde. Die Entfernung der Juden aus Deutschland schien indessen eine kaum mehr zu hinterfragende Notwendigkeit zu sein. Die Ansicht, wonach die Juden nicht Teil der von den Nationalsozialisten propagierten »Volksgemeinschaft« sein könnten, hatte sich offensichtlich in relativ kurzer Zeit durchgesetzt. Vor diesem Hintergrund kann auch Hitlers Reichstagsrede vom 30. Januar 1939 gesehen werden. Darin prophezeite er für den Fall eines neuen, vom »internationalen Finanzjudentum« zu verantwortenden Weltkrieges die »Vernichtung der jüdischen Rasse in Europa« (Quelle 1). Nun darf diese Aussage im Nachhinein aber nicht so verstanden werden, als hätte Hitler hier einen konkreten Plan zur Umsetzung seiner Ankündigung angedeutet. Mit seiner Drohung wies er »dem Judentum« vorab die Schuld am kommenden Krieg zu und erhöhte den Vertreibungsdruck. Hitlers Rede und deren offene, aber unbestimmte Vernichtungsdrohung machte unmissverständlich klar, dass die Juden beim Ausbruch des Krieges zu den ersten Opfern zählen würden.

4 Phasen des Holocaust

Blickt man auf die Jahre 1939 bis 1945 zurück, so lassen sich in diesem Zeitraum verschiedene Phasen des Völkermords an den Juden erkennen, die in enger Abhängigkeit vom Verlauf des Zweiten Weltkrieges stehen. Eine solche Phaseneinteilung ist ebenso notwendig wie strittig. Sie ist notwendig, weil durch eine solche Gliederung der Gesamtablauf des Holocaust differenzierter beschreibbar wird. Sie ist strittig, weil auch für den Holocaust die ›Gleichzeitigkeit des Ungleichzeitigen‹ deutlich werden wird. Das Vorgehen gegen die Juden im Zuge des Zweiten Weltkrieges vollzog sich nicht überall synchron. Die Maßnahmen der einzelnen Phasen gingen teilweise ineinander über und überlagerten sich. Auch wurde beim Beginn einer neuen Phase die unmittelbar vorhergehende bzw. schon länger ausgeübte Praxis nicht unbedingt beendet. Dennoch wird in den Ereignissen eine Dynamik erkennbar. Diese reicht von den Anfängen des Holocaust über eine deutliche Eskalation durch die systematisch durchgeführten Massenerschießungen bis hin zur europaweiten Totalvernichtung und zur chaotischen Situation am Ende des Krieges.

Anfänge 1939/40: Erste Massaker, Ghettoisierung und Umsiedlungsprojekte

Kriegsbeginn: Polen als »Versuchsfeld«

Auch wenn einige Historiker den Holocaust im engeren Sinne auf die Zeit von 1941 bis 1945 datieren, so können bereits seit

Beginn des Zweiten Weltkrieges 1939 und nicht erst nach dessen Ausweitung auf die Sowjetunion 1941 Anfänge des Holocaust erkannt werden. Schon kurz nach dem Überfall auf Polen am 1. September 1939 kam es zu ersten Massakern an Juden. Wenig später wurden Deportationsmaßnahmen im Zuge weitreichender deutscher »Raumplanungen« durchgeführt. Aber auch die großangelegte Ghettoisierung und die Heranziehung von Juden zu Zwangsarbeit belegen, warum innerhalb der Holocaust-Geschichtsschreibung von Polen als dem »Versuchsfeld« (Martin Cüppers) und dem »Laboratorium der Rassenpolitik« (Christopher Browning) gesprochen werden kann.

Durch den Überfall auf Polen gerieten fast zwei Millionen Juden unter deutsche Herrschaft. Vom Beginn des Krieges an waren sie das Ziel von Demütigungen, Ausplünderungen, Terror und Gewalt durch die deutschen Invasoren. Neben der Wehrmacht gingen Einheiten der SS und der Polizei gegen die polnischen Juden vor. Erste Massaker, von denen auch Juden betroffen waren, wurden verübt. So ermordete die »Einsatzgruppe z. b. V.« (zur besonderen Verwendung) auf ihrem Zug von Oberschlesien nach Westgalizien mehrere hundert Juden. In Przemyśl wurden in einem Massaker, das zwischen dem 16. und 19. September stattfand, ca. 600 Juden ermordet. Anfang September 1939 wurden durch Brandanschläge auf Synagogen im oberschlesischen Będzin und in Chmielnik bei Kielce fast 600 Juden getötet. Bis Jahresende 1939 wurden mehrere tausend polnische Juden von deutschen Einheiten ermordet. Erst Anfang 1940 ließen die Massaker für ca. 18 Monate nach. Zugleich ermöglichte die Expansion des deutschen Einflussbereichs nach Osten großangelegte Projekte zur Umsiedlung von Juden, um die eroberten Gebiete »rassisch« neu zu ordnen. Zu diesem Zweck sollten die Juden an bestimmten Plätzen ghettoisiert werden.

Generalgouvernement
Staatsgrenzen
Grenze des Dt. Reiches
Grenze der Reichsgaue des Generalgouvernements
Distriktgrenzen
Lager
Reichsgaue des Generalgouvernements
DEUTSCHES REICH
BEZIRK BIALYSTOK
REICHSKOMMISARIAT UKRAINE
SLOWAKEI
UNGARN
WARSCHAU
RADOM
LUBLIN
KRAKAU
GALIZIEN
Leslau
Plöhnen
Kutno
Kulmhof
Litzmannstadt
Burgstadt
Ostrów
Treblinka
Warschau
Weichsel
Mińsk
Siedice
Biala-Podlaska
Brest
Łuków
Miedzyrzec Podlaski
Parzew
Sobibor
Tomaszów
Petrikau
Radom
Pulawy
Poniatowa
Lublin
Majdanek
Trawniki
Chelm
Opole
Budzyń
Kraśnik
Skarżsko-Kamienna
Starachowice
Kielce
Tschenstochau
Sandomierz
Zamość
Belzec
Kowel
Wladimir
Luzk
Rowno
Dubno
Beuthen
Kattowitz
Gleiwitz
Krakau
Plaszow
Auschwitz
Bochnia
Tarnów
Rzeszów
Jaroslaw
Żółkiew
Jaworow
Brody
Bug
Lemberg
Złoczów
Przemyśl
Nowy Sącz
Gorlice
Drohobycz
Chodorów
Brzeżany
Tarnopol
Skalat
Rogatyn
Stryj
Boryslaw
Halicz
Czortków
Stanislau
Skala

Reinhard Heydrich hatte bereits kurz nach dem Überfall auf Polen angeordnet, die Juden in abgegrenzten Stadtteilen zu konzentrieren, um sie schnell abtransportieren zu können. Das erste Ghetto wurde im Februar 1940 in Łódź errichtet, weniger auf Heydrichs Drängen hin als vielmehr als Reaktion auf die Unklarheiten, was mit den Juden geschehen sollte. Den deutschen Funktionsträgern in den eingegliederten Gebieten Polens war wohl nur klar, dass mit einer raschen Abschiebung der Juden nicht zu rechnen war. Die nichtjüdischen Polen mussten im Nordteil der Stadt ihre Häuser verlassen, alle Juden der Stadt hingegen bis April 1940 in die geräumten Stadtviertel ziehen. Durch Abtrennung und Bewachung des Gebiets waren im Ghetto Łódź auf etwa vier Quadratkilometern mehr als 150 000 Menschen eingeschlossen. In diesem Zwangsquartier sollte eine jüdische Polizei die Ordnung herstellen. Die Leitung des Ghettos oblag einer jüdischen Verwaltung, die den deutschen Besatzern unterstand. Im Ghetto wurde Zwangsarbeit verrichtet. Die Wertgegenstände der Ghettobewohner mussten bei den Deutschen abgeliefert werden, um dafür Lebensmittel einzutauschen. Juden, die aus dem Zwangsquartier fliehen wollten, wurden von den mit der Bewachung beauftragten Polizeieinheiten erschossen. Dem Ghetto Łódź (Litzmannstadt) kam im weiteren Verlauf des Krieges eine gewisse Musterfunktion zu.

In den Ghettos selbst fungierten »Judenräte« als Zwangsorgane, welche die Aufgabe hatten, die auf Ausbeutung und Unterversorgung ausgerichteten Befehle der deutschen Besatzer umzusetzen. Sofern diese jüdischen Gremien Einfluss auf die Auswahl der Ghettobewohner hatten, die deportiert werden sollten, spielte die oft illusorische Erwartung eine Rolle, doch irgendwie die Maßnahmen der deutschen Machthaber abmildern zu können. Grundsätzlich waren diese Maßnahmen bis hin zur endgültigen Auflösung der Ghettos aber in weit geringerem Maße vom Verhandlungsgeschick der Judenräte abhängig als von den Phasen des Holocaust und dem damit einhergehenden Vernichtungswillen der Deutschen.

Die Ghettoisierung wurde in Polen vornehmlich von April 1940 bis Ende des Jahres 1941 durchgeführt. Aufgrund ihrer Größe traten besonders die Ghettos in Warschau, in Łódź (Litzmannstadt) und – nach der Eingliederung von Galizien in das Generalgouvernement – das Ghetto in Lwów (Lemberg) hervor. An vielen Orten kam es erst im Zuge der »Aktion Reinhardt« (s. S. 66 ff.) Mitte des Jahres 1942 zur Errichtung von Ghettos. Oft wurden dabei die Juden in drei Gruppen (kriegswichtig – arbeitsfähig – arbeitsunfähig) unterteilt und teilweise auch dementsprechend räumlich in A-, B- bzw. C-Ghettos getrennt.

Der Nisko-Plan und die Deportationen vom Reichsgau Wartheland ins Generalgouvernement

Am 7. Oktober 1939 hatte Adolf Hitler dem Reichsführer SS Heinrich Himmler mit dem Erlass »zur Festigung deutschen Volkstums« die rassenpolitischen Siedlungsvorhaben im deutschen Herrschaftsraum übertragen. Dabei war es das Ziel der NS-Führung, Angehörige der deutschstämmigen Minderheiten, die sogenannten »Volksdeutschen«, in den eroberten Gebieten anzusiedeln. In der nationalsozialistischen Terminologie bezog sich das Konstrukt »Volksdeutsche« auf diejenigen Personen, die zwar außerhalb Deutschlands in den Grenzen von 1937 lebten, denen aber die sogenannte »deutsche Volkszugehörigkeit« zugesprochen wurde. Die zweite Richtlinie des Erlasses vom 7. Oktober richtete sich auch gegen die Juden: die »Ausschaltung des schädigenden Einflusses von solchen volksfremden Bevölkerungsteilen, die eine Gefahr für das Reich und die deutsche Volksgemeinschaft bedeuten« (VEJ,

Bd. 3, Dok. 18, S. 116). Noch im Oktober 1939 wurde das eroberte Gebiet aufgeteilt. Neu geschaffen und in das Deutsche Reich eingegliedert wurden die Gaue Danzig-Westpreußen und Wartheland. Das östliche Oberschlesien wurde dem Gau Schlesien zugeschlagen, der Regierungsbezirk Zichenau kam zu Ostpreußen. Das übrige eroberte polnische Gebiet wurde am 26. Oktober 1939 zum Generalgouvernement erklärt. Dieses umfasste zunächst Zentral- und Südpolen und stand als eine Art koloniales »Nebenland des Reiches« unter der Führung von Generalgouverneur Hans Frank. In das Generalgouvernement sollten nun auch die »volksfremden Bevölkerungsteile« aus dem Reich und den neu eingegliederten Gebieten deportiert werden, um so Platz für die »Volksdeutschen« zu schaffen. Bevor detaillierte Pläne für derartige Umsiedlungsaktionen vorlagen, stand bereits fest, dass auch die jüdische Bevölkerung im Reichsgebiet von den Zwangsumsiedlungen betroffen sein würde. Am 6. Oktober 1939 wurde Adolf Eichmann, der die »Zentralstelle für jüdische Auswanderung« in Wien und Prag leitete, die Aufgabe übertragen, die Umsiedlung von Juden aus Kattowitz und Mährisch-Ostrau in die Wege zu leiten. Vom 18. Oktober 1939 an wurden dann in einer als »Nisko-Plan« bezeichneten Aktion in fünf Transporten ca. 5000 Juden aus Wien, Mährisch-Ostrau und Kattowitz in das Gebiet um die Stadt Nisko am Fluss San bei Lublin im Generalgouvernement deportiert. Den arbeitsfähigen Juden wurde nach ihrer Ankunft befohlen, ein Lager zu errichten. Die anderen wurden in den von der Sowjetunion besetzten Teil Polens getrieben und ihrem Schicksal überlassen. Viele von ihnen wurden dort aufgegriffen und in Arbeitslager gebracht.

Am 16. Dezember 1939 berichtete die britische Zeitung *The Times* unter der Schlagzeile »Der Nazi-Plan« über den Nisko-Plan. Bereits damals war offensichtlich, dass das geplante »Judenreservat« nicht etwa ein »Lebensraum« für die dorthin gebrachten Juden sei, sondern »eindeutig der schrittweisen Vernichtung dienen« solle (VEJ, Bd. 3, Dok. 38, S. 144). Bemerkenswert ist auch die Einschätzung des Korrespondenten Lewis B. Namier, der davon ausging, dass das Deportationsprogramm »im äußersten Fall [...] alle Juden, die sich inzwischen unter deutscher Kontrolle befinden«, erfassen könnte. Bereits jetzt gehe die Zahl der jüdischen Opfer in die Zehntausende, hinzu kämen noch Hunderttausende Flüchtlinge. Das geplante Programm laufe »auf ein Blutbad hinaus, wie es zwar einem Nazi-Hirn entspringen kann, das jedoch selbst die Nazis in der Praxis kaum vollständig werden durchführen können« (ebd.).

Im Zuge der Umsetzung des Nisko-Plans wurden auch die ersten Juden aus dem »Altreich« verschleppt. Am 12. Februar 1940 wurden 1120 Juden des Regierungsbezirks Stettin deportiert. Durch die Proteste des Generalgouverneurs Frank gegen weitere Abschiebungen in sein Hoheitsgebiet und das Verbot weiterer Transporte durch Hermann Göring am 23. März 1940 scheiterte jedoch der Plan eines »Judenreservats« im Raum Lublin. Das Kollidieren verschiedener Zuständigkeiten, die Interessenkonflikte der Beteiligten, aber auch die schwierigen logistischen Bedingungen hatten zur Unterbrechung und schließlich zur Einstellung des Vorhabens geführt. Namiers Einschätzung der Durchführbarkeit traf damit tatsächlich zu. Die regionalen deutschen Machthaber drängten indessen darauf, die in ihren Herrschaftsbereich abgeschobenen Juden möglichst schnell wieder loszuwerden. Unklar war jedoch noch, wie und wohin genau sich dieses »Loswerden« vollziehen sollte.

Das Ende des Nisko-Plans bedeutete nicht die endgültige Verwerfung der Idee eines Großreservats für Juden im Generalgouvernement. Immer wieder jedoch geriet die Durchführung in Konflikt mit der geplanten Umsiedlung der »Volksdeutschen« in den Reichsgau Wartheland. Zu diesem Zweck hatte Reinhard Heydrich die Deportation aller dort bisher lebenden und als fremd definierten Bevölkerungsgruppen in das Generalgouvernement in verschiedene Phasen unterteilt: einen Fernplan, zwei Nahpläne und einen Zwischenplan. Diese Zwangsumsiedlungen umfassten nach offiziellen Angaben knapp 300 000 Menschen und betrafen immer auch die Juden. Aufgrund der Komplexität der Vorgänge geriet das Vorhaben ins Stocken. Die Durchführung rief wiederholt Kritik von verschiedenen Seiten hervor. So beklagte etwa die Wehrmacht den Abtransport von Arbeitskräften aus kriegswichtigen Betrieben, und die Gauleiter vor Ort wandten ein, unter den Deportierten befänden sich nicht nur Polen und Juden, sondern auch »Volksdeutsche«. Besonderen Druck übte wiederum Hans Frank aus. Dennoch entwarf Himmler weiter konsequent Umsiedlungspläne. Am 25. Mai 1940 legte er Hitler seine sechs Seiten umfassende Denkschrift *Einige Gedanken über die Behandlung der Fremdvölkischen im Osten* vor. Hitler las diese durch und fand sie laut Aktenvermerk Himmlers »sehr gut und richtig«. Himmler hatte darin seiner Hoffnung Ausdruck verliehen, den »Begriff Juden [...] durch die Möglichkeit einer großen Auswanderung sämtlicher Juden nach Afrika oder sonst in eine Kolonie völlig auslöschen zu sehen« (Denkschrift, S. 197). Zu diesem Zeitpunkt war die Idee einer Deportation nach Afrika noch recht vage. Dies sollte sich ändern, als mit Madagaskar ein Territorium in den deutschen Machtbereich gelangte, das als Ziel realistisch zu sein schien.

»Überseelösung insularen Charakters« – Der Madagaskar-Plan

Durch den Sieg über Frankreich wurden erneut – wie schon nach der Eroberung Polens – innerhalb der NS-Führung Planungen für die »territoriale Endlösung« vorangetrieben. Dabei rückte nun die französische Kolonie Madagaskar als Ziel einer Massenumsiedlung von Juden in den Vordergrund. Diese Idee war nicht neu und wurde bereits im 19. Jahrhundert erwogen. Im Sommer 1940 ergriff nun das Referat D III des Auswärtigen Amtes die Initiative und schlug Madagaskar vor. Vier Millionen Juden sollten nach den Vorstellungen der beteiligten Stellen in den kommenden Jahren gemäß der Devise »Alle Juden aus Europa« (Quelle 2) auf die Insel im Indischen Ozean deportiert werden. Begründet wurde der Madagaskar-Plan damit, dass eine »Bereinigung des Judenproblems durch Auswanderung« mit dem »Hinzukommen der Massen des Ostens« unmöglich geworden sei – so die Diktion der NS-Verwaltung. Favorisiert wurde eine solche »Überseelösung insularen Charakters« auch deshalb, weil auf diese Weise die »dauernde Berührung anderer Völker mit Juden« sicher vermieden werden könnte (VEJ, Bd. 3, Dok. 99, S. 267). Schon bald zeigte sich jedoch, dass ein solches Großprojekt nicht durchführbar war. Hauptgrund neben den organisatorischen Widrigkeiten war die fehlende, aber dringend erforderliche Hoheit über die Seewege, die ohne einen Waffenstillstand mit Großbritannien nicht erreicht werden konnte. Das Scheitern des Madagaskar-Plans bedeutete aber keineswegs, dass damit auch die Suche nach einer abgelegenen Region, in welche alle Juden Europas hätten deportiert werden können, prinzipiell an Attraktivität eingebüßt hätte. Im Gegenteil: Sie wurde von den deutschen Umsiedlungsplanern weiter intensiv verfolgt. An die Stelle von Madagaskar sollten dann später, im Zuge der Planungen des Krieges gegen die Sowjetunion, etwa die Pripjetsümpfe in Weißrussland oder die Eismeer-Lager in Sibirien treten. Wie realistisch derartige Umsiedlungspläne allerdings einzuschätzen sind, ist innerhalb der Holocaust-Forschung umstritten.

Rückwirkungen des Kriegsbeginns auf die Juden im Deutschen Reich

Mit Beginn des Zweiten Weltkrieges waren die ohnehin schon gesellschaftlich isolierten, systematisch enteigneten Juden im Deutschen Reich nun gewissermaßen in einem Land eingesperrt, das Krieg führte. Nach dem Überfall auf Polen am 1. September 1939 verschärfte sich nochmals das Vorgehen gegen die Juden, die nun zusätzlich als »Feinde im Inneren« verstanden wurden. Am 6. September 1939 forderte die Gestapo einerseits dazu auf, Ausschreitungen gegen die Juden zu unterbinden. Zugleich wurden aber zentrale antijüdische Maßnahmen mit dem Hinweis angekündigt, die Juden hätten seit Kriegsbeginn »provozierendes Verhalten an den Tag gelegt« (VEJ, Bd. 3, Dok. 5, S. 92). Dieses könne jetzt, wo sich Deutschland im Krieg befinde, nicht länger geduldet werden. Der Chef der Sicherheitspolizei und des SD, Reinhard Heydrich, ordnete zudem am 7. September 1939 in einem geheimen Telegramm an, alle männlichen polnischen Juden über 16 Jahre im Reichsgebiet zu verhaften, in Konzentrationslagern unterzubringen und später nach Polen abzuschieben. Ebenfalls unter dem Eindruck des Kriegsbeginns wurde am 27. September 1939 durch die Zusammenlegung von Sicherheitsdienst (SD) und Sicherheitspolizei (Gestapo und Kripo) die wichtigste Behörde des Holocaust geschaffen: das Reichssicherheitshauptamt (RSHA). Seine Einsatzgruppen gingen in den besetzten Gebieten gegen die Bevölkerung vor. Das RSHA diente fortan der Koordination der deutschen Maßnahmen gegen die europäischen Juden.

Kurz nach Kriegsbeginn wurde im Reich der erste systematische Massenmord im Rahmen der Aktion »T4« umgesetzt. Im Zuge des »Euthanasie«-Programms richtete sich das Vorgehen gegen behinderte Menschen, die in der NS-Ideologie als »lebensunwert« galten. Zunächst war der Ablauf für jüdische

Opfer der gleiche wie für die nichtjüdischen Patienten. Kriterien für die Tötungsauswahl waren vorerst die Heilungschancen und die Beurteilung der Arbeitsfähigkeit. Doch schon bald galt bei den durchgeführten Selektionen das Jude-Sein als hinreichender Grund, um die Tötung anzuordnen – und zwar erstmals ungeachtet des Alters, Gesundheitszustands und Geschlechts. Dies lässt sich auch für die spätere Aktion mit dem Aktenzeichen »14 f 13« belegen, die sich gegen KZ-Häftlinge im Deutschen Reich richtete. Das hier angewandte Selektions- und Mordprogramm war zwar nicht gezielt für Juden entwickelt worden. Dennoch ist hier rückblickend ein nicht zu unterschätzender Schritt hin zur unterschiedslosen Ermordung von Juden durch das NS-Regime zu erkennen.

Eskalation 1941: Massenerschießungen im Zeichen des Vernichtungskrieges

Mit der Unterzeichnung der Weisung Nr. 21 »Fall Barbarossa« am 18. Dezember 1940 hatte Hitler die Entscheidung für einen Angriff auf die Sowjetunion getroffen. Aus Sicht der NS-Führung hätte ein schneller Sieg gegen die Sowjetunion Umsiedlungsprojekte in wesentlich größerem Ausmaß als bisher ermöglicht. Mit Beginn des Jahres 1941 kam auch die Formulierung »Endlösung der Judenfrage« intern immer häufiger zur Sprache. In einer handschriftlichen Aufzeichnung Adolf Eichmanns vom 4. Dezember 1940 wird deutlich, dass die »Anfangslösung der Judenfrage«, welche durch die Auswanderung hätte umgesetzt werden sollen, nicht den gewünschten Erfolg gebracht hatte. Daher sei nun eine »Endlösung der Judenfrage« erforderlich. Diese werde auf dem Weg der »Umsiedlung der Juden aus dem europäischen Wirtschaftsraum des deutschen Volkes in ein noch zu bestimmendes Territorium« erreicht.

Konkret genannt wird hier die Zahl von 5,8 Millionen Juden (VEJ, Bd. 3, Dok. 125, S. 336).

Mit Beginn des Krieges gegen die Sowjetunion am 22. Juni 1941 wurde die antisemitische Propaganda der NS-Führung wieder intensiviert. Sie hatte in den beiden ersten Kriegsjahren wohl zur Vermeidung eines Kriegseintritts der USA und mit Rücksicht auf den Nichtangriffspakt mit der Sowjetunion zeitweilig nicht im Vordergrund gestanden. Anlässlich des erfolgten Angriffs sah Hitler in seiner »Proklamation an das deutsche Volk« vom 22. Juni 1941 nun die Stunde gekommen, dem »Komplott der jüdisch-angelsächsischen Kriegsanstifter und der ebenso jüdischen Machthaber der bolschewistischen Moskauer Zentrale« entgegenzutreten. (Domarus, S. 173, 1.)

Die Einsatzgruppen

Ort	**Datum / Zeitraum**	**Tätergruppe**	**Anzahl der jüdischen Opfer**
Białystok	27. Juni 1941	Polizeibataillon 309	2000 Männer und Frauen
Luzk	2. Juli 1941	Sonderkommando 4a	1160 Männer
Lemberg (Lwów)	2.–6. Juli 1941	Einsatzkommando 5 / 6 / z. b. V.	2500 Männer
Kaunas	4.–6. Juli 1941	Einsatzkommando 3	2977 Männer
Brest	6. Juli 1941	Polizeibataillon 307	4000 Männer
Białystok	8. Juli 1941	Polizeibataillon 316, 322	3000 Männer

Übersicht 1: Große Massenerschießungen der ersten Wochen des Krieges gegen die Sowjetunion

Nach: Dieter Pohl, *Verfolgung und Massenmord in der NS-Zeit 1933–1945*, 3. Aufl., Darmstadt 2011, S. 73.

Bereits wenige Tage nach dem Überfall auf die Sowjetunion wurden Massenerschießungen von Juden in den neueroberten

Gebieten durchgeführt. Eine erste Stufe der Massenerschießungen zeichnete sich in den ersten sechs bis zehn Wochen des Feldzugs ab. Mobile Kommandos durchzogen dabei im Gefolge der vordringenden Wehrmacht die besetzten Gebiete. Zudem versuchten die Kommandos, Pogrome örtlicher Milizen anzustacheln. Teilweise waren diese schon Tage vor dem Überfall von deutscher Seite aus geplant worden. Es handelte sich dabei also keineswegs durchgängig um spontane Aktionen. Heydrich forderte die Einsatzgruppenchefs unter Bezugnahme auf frühere mündliche Ausführungen daher nicht nur dazu auf, die Pogrome nicht zu behindern. Mehr noch seien diese auszulösen und zu intensivieren, ohne dass sich die örtlichen Milizen später auf Anordnungen berufen könnten (vgl. VEJ, Bd. 7, Dok. 11, S. 137). Die meist mit Unterstützung von nationalistischen und antikommunistischen Gruppierungen durchgeführten Pogrome beschränkten sich auf die zuvor ostpolnischen und rumänischen Gebiete sowie auf die baltischen Republiken Litauen und Lettland. Besonders radikal ging dabei die »Organisation Ukrainischer Nationalisten« um Stepan Bandera vor. Diese Gruppe war offenbar auch an der Ermordung mehrerer tausend Juden im Rahmen der Pogrome in Lwów (Lemberg), Złoczów und Tarnopol beteiligt. Die Opferzahlen der Pogrome wurden allerdings bei weitem durch die parallel durchgeführten Massenerschießungen übertroffen. Während bei den Pogromen in Litauen ca. 2000 Menschen ermordet wurden, erschossen die deutschen Polizeieinheiten dort zeitgleich ca. 18 000 Juden. Geographisch erstreckte sich diese Stufe der Massenerschießungen auf die Gebiete unter deutscher Militärverwaltung, die baltischen Republiken, die zum Teil deutscher Zivilverwaltung unterstellt waren, sowie das von Rumänien besetzte Transnistrien.

Die als Mordkommandos agierenden Einsatzgruppen der Sicherheitspolizei und des SD wurden vor fast jeder Expansion des nationalsozialistischen Machtbereichs von Heydrich zusammengestellt, operierten also nicht nur im Kontext des Krieges gegen die Sowjetunion. Ihre generelle Aufgabe war es, nach dem Einmarsch der Wehrmacht die »Bekämpfung der Reichsfeinde« durchzuführen, zunächst durch Ermittlungen und Festnahmen, dann vor allem in Polen ab 1939 und der Sowjetunion ab 1941 durch Massenerschießungen. Die Einsatzgruppen unterstanden dem RSHA, hatten jedoch in ihren Operationsgebieten weitreichende Handlungsspielräume. Zunächst nur befristet und zum mobilen Einsatz gedacht, wurden die Einheiten teilweise auch in stationäre Dienststellen umfunktioniert. Für den Holocaust im Zeichen des Vernichtungskrieges gegen die Sowjetunion sind besonders die Einsatzgruppen A bis D hervorzuheben.

Die systematischen Mordaktionen der Einsatzgruppen lassen sich anhand der »Ereignismeldungen UdSSR« nachweisen. Diese Meldungen waren kurze Tätigkeitsberichte der Einsatzgruppen A bis D, die vom 23. Juni 1941 bis zum 23. April 1942 für Heinrich Himmler als Reichsführer SS im RSHA zusammengestellt wurden (Quelle 5). Die »Ereignismeldungen« wurden später von den »Meldungen aus den besetzten Ostgebieten« abgelöst, die weniger deutlich von den Massenmorden berichteten.

Belegen die »Ereignismeldungen« in aller Offenheit die gegen die Juden vorgenommenen Aktionen, ist die Ausgangs- und Befehlslage hingegen sehr viel undurchsichtiger. Am 2. Juli 1941 hatte Reinhard Heydrich den Höheren SS- und Polizeiführern in einem Schreiben ihre Aufgabe in der Sowjetunion erläutert. Dort listet er unter der Überschrift »Exekutionen« neben den kommunistischen Parteifunktionären auch »Juden in Partei- und Staatsstellungen« auf (VEJ, Bd. 7, Dok. 15, S. 146). Am 17. Juli 1941 hatte zudem Heinrich Himmler von Hitler das Mandat zur »polizeilichen Sicherung« der Ostgebiete bekom-

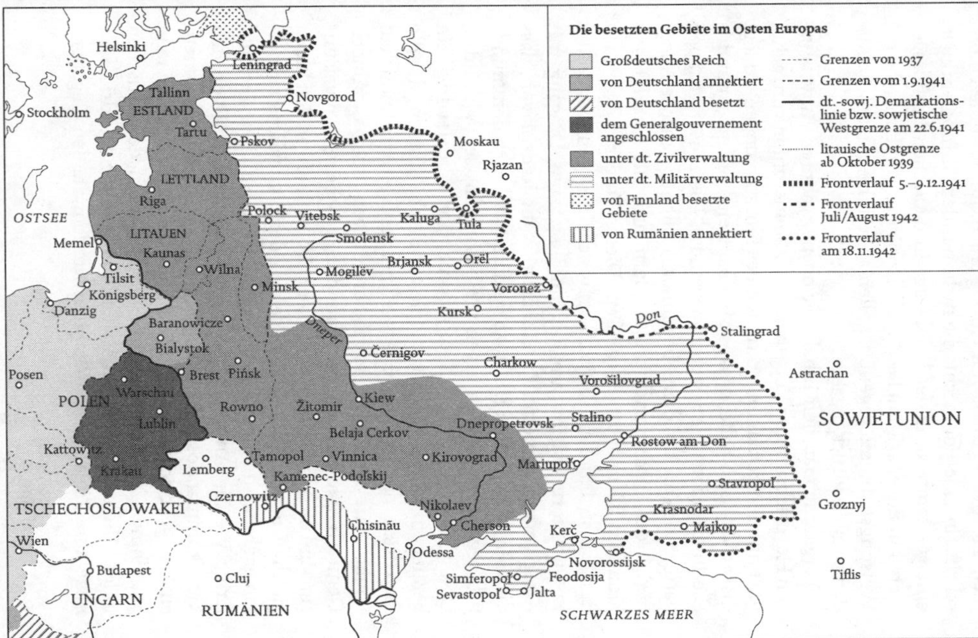
Die besetzten Gebiete im Osten Europas
Großdeutsches Reich
von Deutschland annektiert
von Deutschland besetzt
dem Generalgouvernement angeschlossen
unter dt. Zivilverwaltung
unter dt. Militärverwaltung
von Finnland besetzte Gebiete
von Rumänien annektiert
Grenzen von 1937
Grenzen vom 1.9.1941
dt.-sowj. Demarkationslinie bzw. sowjetische Westgrenze am 22.6.1941
litauische Ostgrenze ab Oktober 1939
Frontverlauf 5.–9.12.1941
Frontverlauf Juli/August 1942
Frontverlauf am 18.11.1942
Helsinki
Leningrad
Novgorod
Stockholm
Tallinn
ESTLAND
Tartu
Pskov
Moskau
Rjazan
LETTLAND
Riga
OSTSEE
Polock
Vitebsk
Kaluga
Tula
LITAUEN
Smolensk
Memel
Kaunas
Wilna
Mogilëv
Brjansk
Orël
Tilsit
Königsberg
Minsk
Voronež
Danzig
Kursk
Don
Baranowicze
Dneper
Stalingrad
Bialystok
Černigov
Charkow
Astrachan
Posen
Brest
Pińsk
Vorošilovgrad
Warschau
POLEN
Kiew
Lublin
Rowno
Žitomir
Stalino
SOWJETUNION
Belaja Cerkov
Dnepropetrovsk
Rostow am Don
Kattowitz
Tarnopol
Vinnica
Kirovograd
Mariupol
Krakau
Lemberg
Kamenec-Podolskij
Stavropol
Czernowitz
Groznyj
TSCHECHOSLOWAKEI
Nikolaev
Krasnodar
Chisinău
Cherson
Majkop
Kerč
Wien
Odessa
Novorossijsk
Budapest
Cluj
Simferopol
Feodosija
Tiflis
Sevastopol
Jalta
UNGARN
RUMÄNIEN
SCHWARZES MEER

men. Heydrich erhielt von Göring am 31. Juli 1941 die Unterschrift für eine Vollmacht, die nicht nur den Auftrag enthielt, eine »Gesamtlösung der Judenfrage in deutschen Einflussgebieten in Europa« (Quelle 3) zu konzipieren, sondern auch die Weisungsbefugnis gegenüber allen andern beteiligten Behörden zum Ausdruck brachte.

Vergleicht man den Inhalt der obenerwähnten Anweisungen Heydrichs für das Vorgehen in der Sowjetunion vom 2. Juli 1941 mit den konkreten Aktionen der Einsatzgruppen, so legt dieser Vergleich nahe, dass es offenbar weitergehende mündliche Instruktionen gegeben haben muss. Die Einsatzgruppen hatten noch im Juni damit begonnen, nicht nur jüdische Angehörige der Führungsschicht, sondern auch alle wehrfähigen jüdischen Männer zu erschießen. Dieses Vorgehen war auch durch Instruktionen abgesichert, welche das Kommando der 22. Infanteriedivision am 20. Juni 1941 zum Umgang mit Kriegsgefangenen erteilt hatte. Dort ist die Rede davon, dass die »Masse der Juden [...] abzusondern« und nach den mündlich gegebenen Anweisungen »zu behandeln« sei (VEJ, Bd. 7, Dok. 5, S. 126). Am 17. Juli 1941 wurde dann von Heydrich ein bereits am 28. Juni 1941 konzipierter Befehl erlassen, der die Exekution der in den Kriegsgefangenenlagern befindlichen Funktionäre der KPdSU sowie der dortigen Juden anordnete. Dennoch: Die von Heydrich mündlich gegebenen Anweisungen sind nicht mit einem Befehl zum Völkermord an den Juden gleichzusetzen. Dies würde bedeuten, den tatsächlichen Handlungsrahmen der Befehlshaber der Mordkommandos zu schmälern. Wie die Anweisungen Heydrichs tatsächlich von den Mordkommandos aufgefasst wurden, lässt sich dem Fragment eines Lageberichts des Einsatzkommandos 2 von Anfang 1942 entnehmen. Im Rückblick auf die Exekution der lettischen Juden wird dort deutlich, dass die Anweisungen Heydrichs als ungefähre Zielangabe verstanden wurden, die den Gegebenheiten vor Ort anzupassen war. Dort heißt es für das Einsatzkommando 2, dass diesem »eine radikale Lösung des Judenproblems durch die Exekution aller Juden« von Anfang an vorschwebte (VEJ, Bd. 7, Dok. 224, S. 589).

Für die deutschen Besatzungsfunktionäre hatten die Massenerschießungen der jüdischen Männer indessen die Frage zur Folge, wie mit den Familien der Ermordeten zu verfahren sei. Denn diesen fehlten nun die Ernährer. Bei einem Besuch im zwischen Weißrussland und der Ukraine gelegenen Gebiet der Pripjetsümpfe Ende Juli 1941 wurde das Vorhaben des NS-Regimes deutlich zum Ausdruck gebracht, diesmal durch den Reichsführer SS Heinrich Himmler. Dieser hatte in dem als militärisch heikel geltenden Gebiet den Einsatz von SS-Verbänden zur Partisanenbekämpfung angeboten. Die 1. SS-Brigade und das 1. SS-Kavallerieregiment wurden am 19. Juli 1941 in das Sumpfgebiet abkommandiert. Ende Juli besuchte Himmler selbst die Region, um sich vor Ort einen Eindruck von der Lage zu verschaffen. Einen Tag nach dem Ende des Besuches, am 1. August 1941, setzte das 2. SS-Kavallerieregiment einen Funkspruch ab. Darin hieß es: »Ausdrücklicher Befehl des RF-SS. Sämtliche Juden müssen erschossen werden. Judenweiber in die Sümpfe treiben« (VEJ, Bd. 7, S. 36). In den nun folgenden zwei Wochen wurden durch das 1. und 2. SS-Kavallerieregiment mindestens 13 000 jüdische Männer, Frauen und Kinder erschossen. Bis zum Ende des Jahres 1941 stieg die Zahl derjenigen, die durch die beiden SS-Kavallerieregimenter sowie die 1. SS-Brigade unter Führung von Friedrich Jeckeln in der Ukraine ermordet worden waren, auf über 57 000 Menschen. Die SS-Einheiten hatten damit nicht nur mehr Juden umgebracht als alle vier Einsatzgruppen sowie die Wehrmachtseinheiten in den beiden vorhergehenden Monaten des Jahres 1941. Erstmals wurden zudem alle Juden ganzer Landstriche ermordet. Daher ist mit Blick auf das beschriebene Vorgehen der SS-Verbände in der Sowjetunion im Sommer 1941 von den »Wegbereitern der Shoa« (Martin Cüppers) gesprochen worden.

Dennoch wurde Himmlers Befehl im Rahmen seines Besuchs im Pripjetgebiet offenbar unterschiedlich interpretiert, teils als Aufforderung zur Auslöschung der gesamten jüdischen Bevölkerung in den entsprechenden Gebieten, teils als Erschießungsbefehl, der nur auf die männlichen Juden bezogen war. So meldete Franz Magill, der Kommandeur des 2. SS-Kavallerieregiments am 12. August 1941 zur Mordaktion im Pripjetgebiet, das Vorhaben, Frauen und Kinder in die Sümpfe zu treiben, hätte aufgrund der geringen Tiefe der Sümpfe nicht das beabsichtigte Ziel erreicht. Ein Versinken sei gar nicht möglich gewesen (VEJ, Bd. 7, Dok. 58, S. 246). Bis zu diesem Zeitpunkt hatte es nur ein Massaker gegeben, bei dem auch jüdische Frauen und Kinder umgebracht worden waren. In Białystok hatte das Polizeibataillon 309 am 27. Juni 1941 etwa 800 jüdische Männer mit Frauen und Kindern in der größten Synagoge der Stadt eingeschlossen, das Gebäude mit Panzerabwehrkanonen in Brand gesetzt und die Gefangenen verbrennen lassen. An immer mehr Orten wurden nun auch jüdische Frauen und Kinder durch SS- und Polizeieinheiten ermordet.

Die Kinder von Belaja Cerkov'

Doch auch die Wehrmacht war an den Massenerschießungen beteiligt. Dies zeigen die Vorgänge in Belaja Cerkov' (heute Bila Zerkwa), einer ca. 80 km von Kiew entfernten ukrainischen Kleinstadt mit knapp 20 000 Einwohnern. Mitte August 1941 war dort ein Teil des Sonderkommandos 4a der Einsatzgruppe C eingetroffen. Kurz zuvor hatte die Ortskommandantur der Wehrmacht angeordnet, alle jüdischen Einwohner der Stadt müssten sich registrieren lassen. Die örtliche Gruppe der Geheimen Feldpolizei übergab daraufhin etwa 70 Männer und

Frauen dem Sonderkommando 4a. Angehörige der Waffen-SS, die zu diesem Kommando gehörten, erschossen die Juden. Die zunächst noch zurückgelassenen jüdischen Kinder wurden eingesperrt und von ukrainischer Miliz bewacht, während ihre Erschießung vorbereitet wurde. Nun wurden allerdings die eingesperrten Kinder von Soldaten der Wehrmacht entdeckt. Diese berichteten davon wiederum zwei Militärpfarrern. Die Nachricht über die eingesperrten jüdischen Kinder gelangte schließlich zu Oberstleutnant Helmuth Groscurth, der sich daraufhin selbst vor Ort ein Bild von der Lage verschaffen wollte (Quelle 4). Die Angelegenheit zog immer weitere Kreise, erst bei der Ortskommandantur, dann beim Feldkommandanten. Dieser erklärte, auf die Anordnungen des Obersturmführers August Häfner, dem Führer des Sonderkommandos, keinen Einfluss zu haben. Groscurth bezweifelte, dass Häfner tatsächlich den Befehl von höchster Stelle habe, auch Kinder zu erschießen. Der Feldkommandant erwiderte daraufhin, er sei von der Richtigkeit und Notwendigkeit des Befehls überzeugt. In einer anschließenden Unterredung mit Häfner wies Groscurth darauf hin, er müsse zur Aufrechterhaltung der Disziplin der Truppe auf die »Durchführung der Maßnahmen in geeigneter Form« bestehen (Quelle 4). Groscurth wandte sich zudem an das zuständige Armeeoberkommando 6, welches die Erschießung der Kinder vorerst aufschob. Einen Tag später kam es zu einem Zusammentreffen von Wehrmachtsangehörigen und Vertretern des Sonderkommandos. Auch SS-Standartenführer Paul Blobel war daran beteiligt. Dort wurden neben grundsätzlichen Fragen auch Details der Ermordung der Kinder besprochen. Zur Erschießung wurde schließlich die ukrainische Miliz herangezogen. Wehrmachtssoldaten brachten jedoch die Kinder zur Erschießungsstelle und hoben die Gruben aus. Am 22. August 1941 wurden dann die 90 jüdischen Kinder erschossen.

Die Erschießung der Kinder in Belaja Cerkov' belegt nicht nur, dass die Verantwortung hierfür nicht allein beim betreffenden Sonderkommando 4a der Einsatzgruppe C lag. Vielmehr ist die Beteiligung der Wehrmacht an diesem signifikanten Beispiel eindeutig zu belegen. Zudem zeigt sich am Verhalten Groscurths, wie dieser als ranghoher Wehrmachtsangehöriger zwar eine gewisse, letztlich wirkungslos bleibende Form von Kritik vorzubringen versuchte, diese aber offenbar kaum über militärische Nutzerwägungen hinausging.

Die Massaker in Kamenec-Podol'skij und Babij Jar

Die Massaker in Kamenec-Podol'skij und Babij Jar stellen Schritte von einer noch eher selektiven Ermordung hin zur vollständigen Vernichtung der Juden dar. Beide Massaker verdeutlichen damit nicht nur durch die schiere Zahl der Mordopfer, sondern auch durch die konkrete Vorgehensweise einen Sprung in der Entwicklung der Massenmorde. Die bis dahin meist noch vorgenommene Unterscheidung nach Alter, Geschlecht und einer oft nur unterstellten politischen Gesinnung wurde hierbei unerheblich. Es galt der Vorsatz der Tötung aller.

Das Ende Juni 1941 noch zur Sozialistischen Sowjetrepublik Ukraine gehörende Kamenec-Podol'skij hatte zunächst ca. 12 000 jüdische Einwohner. Anfang Juli 1941 wurde die Stadt von deutschen und ungarischen Truppen besetzt. Die Zahl der Juden stieg nun dramatisch an, weil Ungarn die Gelegenheit gekommen sah, Juden aus der annektierten Karpato-Ukraine über die Grenze abzuschieben. Innerhalb weniger Wochen erhöhte sich die Zahl jüdischer Bewohner der Stadt auf 26 000. Von der deutschen Feldkommandantur wurden Seuchengefahr und Ernährungsengpässe angeführt, die eine rasche Lösung des Problems erforderlich machen würden. Für Friedrich Jeckeln, den Höheren SS- und Polizeiführer (HSSPF) Russland-Süd und SS-Obergruppenführer, war damit der Anlass gegeben, in der Zeit vom 26. bis 30. August 1941 23 600 Juden erschießen zu lassen. Die Schützen stammten aus den Reihen des Polizeibataillons 320 sowie aus einer von Jeckeln für diesen Zweck zusammengestellten Gruppe, die sich aus seiner Leibwache, seinem Wachzug sowie vermutlich weiteren Angehörigen seines Stabes zusammensetzte. Dieses Massaker steht am Beginn der systematischen Vernichtung jüdischer Gemeinden in der Ukraine, welcher bis Ende September etwa 100 000 jüdische Männer, Frauen und Kinder zum Opfer fielen (Quelle 13).

Noch höher waren die Opferzahlen im Massaker von Babij Jar, einer Schlucht in der Nähe der ukrainischen Hauptstadt Kiew. Am 29. und 30. September 1941 wurden dort in einer der größten Massenerschießungen des Zweiten Weltkriegs 33 771 Juden durch Angehörige des Sonderkommandos 4a der Einsatzgruppe C unter Führung des SS-Sturmbannführers Paul Blobel sowie der Stabskompanie des HSSPF Russland-Süd erschossen (Quelle 5). Diese Verbände waren dem Einmarsch der Wehrmacht in Kiew am 19. September 1941 gefolgt. Der Vorgang lief nach einem gewissen Muster ab, das die Mordkommandos inzwischen entwickelt hatten. In den Tagen vor dem Massaker wurden Plakate ausgehängt, in denen die Juden von Kiew aufgefordert wurden, sich auf dem jüdischen Friedhof zu ihrer »Umsiedlung« einzufinden. Nach der Abgabe der mitgebrachten Gepäckstücke – Kleidung, Lebensmittel für drei Tage und Wertsachen – wurden sie in die Schlucht getrieben, mussten sich dort entkleiden und wurden anschließend von den Männern Blobels und Jeckelns sowie von ukrainischer Miliz durch Genickschuss getötet. Die Wehrmacht war am Massaker insofern beteiligt, als Soldaten den Erschießungsort absicherten und nach der Massenerschießung mit abgesprengtem Schutt die Leichen bedeckten.

Auch die beiden Beispiele Kamenec-Podol'skij und Babij Jar

sind jedoch noch kein Beleg für einen flächendeckenden Übergang zur unterschiedslosen Ermordung der Juden. Denn nahezu zeitgleich trieb etwa die Einsatzgruppe D 27 500 Juden, die von Rumänien aus in das deutsche Besatzungsgebiet deportiert worden waren, wieder zurück über den Fluss Dnjestr. Ermordet wurden dabei etwa 1265 Menschen. Vielmehr muss zur Erklärung der Massaker und dieser neuen Dimension innerhalb des Holocaust auch die Eigendynamik der Peripherie und die Initiative der Akteure vor Ort herangezogen werden. So kann für Jeckeln sicherlich von Ambitionen gesprochen werden, sich durch möglichst hohe Mordzahlen an die Spitze eines »Quotenwettlaufs« zu setzen.

Der Übergang zum Völkermord – Das Stadium der Vernichtung Ende 1941

Die Frage, wann die umfassende Massenvernichtung der europäischen Juden begonnen hat, ist schwieriger zu beantworten, als man meinen sollte. Das Stadium der Vernichtung, wie es sich Ende 1941 darstellte, lässt sich folgendermaßen skizzieren:

- Unmittelbar nach dem deutschen Einmarsch in der Sowjetunion am 22. Juni 1941 wurden in den besetzten Gebieten systematisch Juden ermordet. Dies geschah durch die Einsatzgruppen, Polizeibataillone, die Waffen-SS und mitunter auch durch rückwärtige Einheiten der Wehrmacht.
- Zunächst bezogen sich die Massenerschießungen auf jüdische Männer im wehrfähigen Alter, im August und September 1941 dann auch auf Frauen und Kinder (z. B. Belaja Cerkov', Kamenec-Podol'skij, Babij Jar).
- Im September und Oktober 1941 wurden zunehmend auch ganze jüdische Gemeinden ermordet.
- In Serbien wurden im September und Oktober 1941 die meisten jüdischen Männer umgebracht.

- Im Generalgouvernement hingegen fanden mit Ausnahme des Distrikts Galizien bis zum Frühjahr 1942 noch keine systematischen Massenmorde an Juden statt.
- Im Distrikt Galizien, dessen Gebiet bis Juni 1941 zur Sowjetunion gehört hatte, wurden Massenmorde an Juden bereits im Oktober 1941 durchgeführt.
- Im Reichsgau Wartheland sind vereinzelt ab Ende September Massenmorde belegbar.
- Im Lager Chełmno (Kulmhof; Reichsgau Wartheland) wurden ab dem 8. Dezember 1941 Juden aus der näheren Umgebung, ab dem 16. Januar 1942 polnische Juden aus Łódź (Litzmannstadt) in Gaswagen getötet.
- Zwischen 14. und 18. September 1941 erteilte Hitler die Genehmigung der Deportation von Juden aus dem Reich nach Osten.
- Am 15. Oktober 1941 begannen die systematischen Deportationen aus dem Reichsgebiet.

Zwei Übergänge scheinen somit wichtig, die, einmal vollzogen, den Holocaust in seiner ganzen Dimension verdeutlichen. Zum einen geht es um den Übergang von den Massendeportationen der Juden im Rahmen der »territorialen Endlösung« hin zur Deportation mit dem Ziel der Vernichtungslager. Aber auch der Übergang von den Massenerschießungen wehrfähiger jüdischer Männer hin zur Erschießung aller Juden ist in diesem Zusammenhang zu beachten.

In engem Bezug zu diesen Übergängen steht auch die Frage, wann die Entscheidung zur umfassenden Vernichtung aller Juden im nationalsozialistischen Machtbereich getroffen wurde. Mehrere Gründe sprechen dafür, diesen Zeitraum zwischen September und Mitte Dezember 1941 anzusetzen. Zunächst wurde der nationalsozialistischen Führung seit Mitte Oktober 1941 zunehmend klarer, dass mit einem raschen Sieg der Wehrmacht über die Rote Armee nicht zu rechnen war. Damit schwand aber auch die vage Perspektive einer umfassenden Deportation der europäischen Juden nach Sibirien. Zeitgleich wurde die bis dahin in Westeuropa noch bestehende Möglichkeit der Auswanderung verboten. Zusätzlich wurde mit Vorbereitungen begonnen, im Generalgouvernement Orte einzurichten, in denen in kurzer Zeit sehr viele Menschen umgebracht werden konnten. Der Bau einer solchen Anlage nahm im November 1941 in Bełżec seinen Anfang. Schließlich waren im Oktober und November 1941 die Massenerschießungen von sowjetischen Juden durch die Einsatzgruppen in gewisser Weise bereits Normalität. Zudem wurde die Situation in den Ghettos in Polen und im Reichsgau Wartheland immer katastrophaler. Die Zahl der Toten stieg dort deutlich an. Vor diesem Hintergrund sehen manche Holocaust-Historiker die Genehmigung der Deportation der deutschen Juden als gleichbedeutend mit einer generellen Tötungsentscheidung an. Auch in diesem Zusammenhang muss aber räumlich differenziert werden. Daher scheinen auch zwei getrennte Entscheidungen plausibel: eine bezüglich der Ermordung der sowjetischen Juden im Juli oder August 1941 und eine hinsichtlich der Juden im übrigen Europa im September oder Oktober 1941. Bei beiden Entscheidungen wäre allerdings auch ein längerer Vorlauf der Entscheidungsfindung denkbar, der vielleicht bis Januar 1941 reicht.

Spätestens Mitte Dezember 1941 wird allerdings die vollzogene Entscheidung deutlich, die Juden im Machtbereich des NS-Regimes systematisch, zumal in den Vernichtungslagern, zu töten. Als ein Beleg für Anfang Dezember als Zeitpunkt, vor dem die Entscheidung getroffen worden sein muss, wird die Ansprache Hitlers vor den Reichs- und Gauleitern der NSDAP am 12. Dezember 1941 angesehen (Kontroversen, 1). Darin bezog er sich auf die am 11. Dezember erfolgte Kriegserklärung an die USA. Mehrere Anwesende erwähnten die Deutlichkeit der Ausführungen Hitlers hinsichtlich des Vorgehens gegen die Juden. Gleichwohl gilt auch hier der quellenkritische Vorbehalt, dass eine nicht im Wortlaut vorliegende Äußerung Hitlers vom 12. Dezember 1941 kaum als eindeutiges Indiz für die im Vorfeld getroffene Grundsatzentscheidung gewertet werden kann – geschweige denn für einen erteilten Befehl. Zudem hatte sich Hitler auch zuvor schon mehrfach ähnlich geäußert. Offenbar haben die Anwesenden aber die Rede als eindeutige Bekräftigung dessen verstanden, was vor dem Hintergrund der aktuellen Entwicklungen für unvermeidlich gehalten wurde: die sofortige und vollständige Vernichtung aller arbeitsunfähigen Juden.

Totalvernichtung ab 1942: Europäische Ausweitung und fabrikmäßiger Massenmord

Als zentrale Quelle für die Deutung des Massenmordes an den Juden im Zuge des Vernichtungskrieges in der Sowjetunion gilt die Posener Rede Heinrich Himmlers vom 4. Oktober 1943. Im fünften Kriegsjahr zog der Reichsführer SS darin vor SS-Gruppenführern Bilanz und äußerte sich unter dem Stichwort »Judenevakuierung« rückblickend auch ausdrücklich zur »Ausrottung des jüdischen Volkes«. Diese sei für die SS ein »niemals geschriebenes und niemals zu schreibendes Ruhmesblatt [...]« (Quelle 12). In den Worten Himmlers wurde der Massenmord an den Juden als gewissermaßen notwendige, rational begründbare Konsequenz aus der politischen Lage und der Kriegssituation gerechtfertigt und moralisch legitimiert. Der Kontext zeigt aber auch, vor welchem Hintergrund diese Erwähnung stattfand. Es waren die Kernthemen der Kriegsführung im Osten, etwa der Partisanenkrieg und der Umgang mit den »slawischen Untermenschen«, aber auch spezifische SS-Themen wie Personalveränderungen und -auslese, welche die elitäre Mentalität und die Funktionsmechanismen der SS verdeutlichen.

Die Radikalisierung der Gewalt im Krieg gegen die Sowjetunion kann daher als ein wichtiger Faktor für die Einbeziehung aller europäischen Juden in das Vernichtungsvorhaben angesehen werden. Eine unmittelbare Ausdehnung der Mordzone erfolgte in Ostpolen, der westlichen Ukraine und im westlichen Weißrussland. Zahlreiche der dort lebenden Juden hatten den Durchzug der Mordkommandos zunächst überlebt. Als aber im Frühjahr 1942 die meisten Juden in den Gebieten unter Militärverwaltung ermordet waren, wechselten die mobilen Mordkommandos zu den stationären Dienststellen der Sicherheitspolizei. In diesen unter Zivilverwaltung stehenden Gebieten setzten sie nun ihre Mordaktionen fort. Parallel dazu wurden Vorschläge, wie der Massenmord effektiver durchzuführen sei, nun immer konkreter diskutiert – sowohl von der Führung in Berlin als auch von den Verantwortlichen vor Ort. Bereits am 16. Juli 1941 hatte etwa der Leiter des SD-Leitabschnitts Posen und Leiter der dortigen Umwandererzentrale, Rolf-Heinz Höppner, Adolf Eichmann vorgeschlagen, die hungernden und kranken Juden im Reichsgau Wartheland »durch irgendein schnellwirkendes Mittel zu erledigen«, weil dies »angenehmer« sei als das Verhungern (VEJ, Bd. 4, Dok. 314, S. 681). Zudem drängte etwa auch Generalgouverneur Hans Frank darauf, keine weitere Ghettobildung mehr zuzulassen. Die noch im Schreiben vom 31. Juli 1941 von Göring rückblickend erwähnte »Auswanderung oder Evakuierung« (Quelle 3) sollte nun endgültig und konsequent durch die »Gesamtlösung der Judenfrage« ersetzt werden. Dieses Schreiben wurde daher von Heydrich auch dem Einladungsschreiben zur Wannsee-Konferenz beigefügt.

Die Wannsee-Konferenz

Bis heute findet sich die Vorstellung, im Rahmen der Wannsee-Konferenz am 20. Januar 1942 sei der Entschluss zur »Endlösung der Judenfrage« gefallen. Im Laufe der Erforschung der Geschichte des Holocaust wurde jedoch relativ schnell deutlich, dass die Konferenz vielmehr eine Informations- und Organisationsfunktion gehabt hatte, jedenfalls hier mit Sicherheit nicht von einer Entschlussbildung zur Ermordung der europäischen Juden auszugehen ist. Wahrscheinlich resultiert eine solche unscharfe Wahrnehmung eher aus dem Bedürfnis, das Massenverbrechen an den Juden, wie es in den Dokumenten der Wannsee-Konferenz zum Ausdruck kommt, mit einem konkreten Beschlussdatum und benennbaren Personen aus dem Kreis hochrangiger Führungspersönlichkeiten zu verbinden.

Unstrittig ist, dass die Wannsee-Konferenz ein wichtiges Ereignis in der Geschichte des Holocaust darstellt. Die Deutung der Zusammenkunft als Entschlusskonferenz geht jedoch von zwei Fehlannahmen aus. Zum einen, dies sollte nach den bisherigen Ausführungen deutlich geworden sein, hatten im Januar 1942 die Massenmorde in den besetzten Gebieten längst begonnen. Die etwa 90-minütige »Besprechung mit anschließendem Frühstück« – so die Formulierung in den beiden Einladungsschreiben Heydrichs – fand statt, als bereits fast eine Million Juden vor allem in der Sowjetunion und Polen umgebracht worden waren. Die Grenze hin zur unterschiedslosen Vernichtung der europäischen Juden war bereits überschritten worden, als die Wannsee-Konferenz begann. Sie ist demnach vielmehr als »Echo auf die gefallene Entscheidung zur Ermordung der europäischen Juden« (Peter Klein) zu bezeichnen. Zudem konnte auf der Konferenz im Gästehaus der Sicherheitspolizei in Berlin auch deshalb nicht die Entscheidung zur Ermordung der europäischen Juden gefällt werden, weil eine solche gar nicht auf der Ebene der dort versammelten Staatssekretäre hätte getroffen werden können. Gleichwohl lassen sich an ihr und in den entsprechenden Dokumenten deutlich die vollzogene Radikalisierung sowie die organisatorische Ausweitung des Völkermords in dessen europäischer Dimension erkennen. In keinem anderen Dokument treten die europaweiten Mordplanungen der nationalsozialistischen Führung, die sich hinter den üblichen Formulierungen wie »Evakuierungen« oder »Möglichkeiten im Osten« verbergen, so deutlich hervor (Quelle 8). Nirgendwo sonst findet man eine solche nach den einzelnen Ländern Europas gegliederte Auflistung mit einer 11 Millionen umfassenden Anzahl der zu ermordenden Juden.

Die zunächst für den 8. Dezember 1941 einberufene, dann auf den 20. Januar 1942 verschobene Konferenz verfolgte dabei drei konkrete Ziele. Als Erstes sollten die neue Linie, also die sofortige Deportation der polnischen und westeuropäischen Juden in die Vernichtungslager, den beteiligten Ressorts mitgeteilt und die sich daraus ergebenden organisatorischen Schritte festgelegt werden. Zudem wollte das RSHA bei dieser Konferenz klarstellen, dass es gegenüber den anderen beteiligten Reichsbehörden die Federführung zu übernehmen gedenke. Und schließlich ging es um die Klärung der schon seit längerem strittigen Frage, wie mit den »Halbjuden« und den »Mischehen« verfahren werden sollte.

In der Frage der »Mischlinge« zeigte sich das Zusammenwirken von letztlich in Details unklarem Führerwillen und der – dennoch oder gerade deswegen – präzisen bürokratischen Diskussion. Da eine endgültige Weisung Hitlers zur Verschärfung der bis dahin geltenden »Mischlingsbestimmungen« nicht zu erwarten war, wurde Heydrich initiativ und drängte auf eine Ausweitung der Verfolgtengruppe auch auf »Mischlinge« und »Mischehepartner«. Mit einer solchen Lösung wäre die Verfolgungspraxis vereinheitlicht und mit weniger bürokratischem Aufwand verbunden gewesen. Punkt für Punkt wurden daher die einzelnen »Mischlings«-Kategorien und »Mischehefälle« besprochen, wobei der Staatssekretär des Reichsinnenministeriums stets für eine Beibehaltung der ursprünglichen Sonderrechte plädierte. Eine definitive Regelung kam nicht zustande. Bei aller Uneinigkeit in solchen Fragen waren hingegen die eigentlichen Vernichtungsdimensionen zwischen der SS und der Ministerialbürokratie völlig unstrittig.

In den Dokumenten der Wannsee-Konferenz und der relativ kurzen Besprechung selbst werden somit nicht nur die Probleme bei der Durchführung des Holocaust deutlich. Die Gleichzeitigkeit von formaler Korrektheit, räumlichem Ambiente, kultivierter Unterhaltung und Mordplanungen in millionenfacher Höhe erweist den Holocaust als ein organisiertes Staatsverbrechen. Zudem kann in der Argumentation der an der Wannsee-Konferenz Beteiligten – ganz ähnlich wie bei Himmler in seiner Posener Rede 1943 – ein Element der Selbstrechtfertigung erkannt werden, das für viele Täter des Holocaust bezeichnend war. Man wollte nicht als von Mordlust getriebenes »Tier« gelten, sondern sich selbst und den anderen gleichsam beweisen, angesichts des Gewaltexzesses »anständig« und »zivilisiert« geblieben zu sein. In den Argumentationsmustern der Gesprächspartner verdeutlicht sich der Versuch, der Überzeugung Ausdruck zu verleihen oder doch zumindest eine solche Überzeugung quasi autosuggestiv herbeizuführen, wonach gewissermaßen eine Notwendigkeit zum Massenmord an den Juden bestünde. In der Täterlogik konnte das im Ergebnis dazu führen, sich selbst als Reagierende darzustellen, denen aufgetragen war, »Sachzwänge« zu lösen.

Es zählt zu den oft wenig berücksichtigten Merkmalen des Holocaust, dass die meisten Morde weder von den Einsatzgruppen bis Frühjahr 1942 noch in Auschwitz verübt wurden, welches erst 1943/44 zum Zentrum der Judenvernichtung wurde. Auch wenn eine Darstellung des Holocaust nicht in einer zahlenmäßigen Erfassung aufgeht, so lässt sich doch feststellen, dass die Anzahl der ermordeten Juden in den »schrecklichsten Monaten« (Dieter Pohl), den 18 Wochen zwischen Ende Juli und Mitte November 1942, am höchsten war. Mehr als zwei Millionen Juden wurden in dieser Zeit umgebracht – ein Großteil davon auf dem Gebiet des Generalgouvernements. Rein rechnerisch bedeutet dies, dass nahezu jeden Tag im betreffenden Zeitraum ein Massenmord von der Dimension Babij Jars durchgeführt wurde. Eine möglichst umfassende Sicht des Holocaust sollte daher die Bedeutung der »Aktion Reinhardt« deutlich machen. Auch für das Generalgouvernement war die Wannsee-Konferenz nicht der Startschuss für die Radikalisierung hin zum quasi-industriellen Massenmord in den Vernichtungslagern. Diese hatte in ihren Planungen und Experimenten schon 1941 begonnen. Die Entwicklung ging dahin, Massentötungen in eigens dafür eingerichteten Vernichtungsstätten durchzuführen.

Im Juli 1942 beauftragte dann Heinrich Himmler offiziell den Lubliner SS- und Polizeiführer Odilo Globocnik mit einer als »Judenumsiedlung« bezeichneten »Geheimen Reichssache«. Im weiteren Verlauf wurde hierfür die Bezeichnung »Aktion Reinhardt« geprägt. Dies war der Tarnname für die systematische Deportation und Ermordung von mehr als zwei Millionen Juden aus den fünf Distrikten des Generalgouvernements (Warschau, Lublin, Radom, Krakau, Galizien) sowie des Bezirks Białystok. Die Ermordungen erfolgten in den drei Vernichtungslagern Bełżec, Sobibór und Treblinka und erstreckten sich vom Frühjahr 1942 bis zum Herbst 1943. Der Name der Aktion fand in Erinnerung an Reinhard Heydrich Verwendung, der am 4. Juni 1942 in Prag an den Folgen eines Attentats gestorben war. Aber auch der Organisator des »Reinhardt-Programms«, der Staatssekretär im Reichsfinanzministerium, Fritz Reinhardt, spielte offenbar eine gewisse Rolle bei der Namensgebung. Für letztere Herleitung spricht, dass die in der Aktion erbeuteten jüdischen Vermögenswerte auf einem Sonderkonto des Reichsfinanzministeriums verwaltet wurden. In den Akten finden sich beide Schreibweisen: »Reinhardt« und »Reinhard«.

Auch bei der »Aktion Reinhardt« sind verschiedene Faktoren zu berücksichtigen, die zu deren Begründung angeführt wurden. Die polnischen Juden lebten inzwischen mehrheitlich in Ghettos. Dort hatten sich die Lebensbedingungen in den zurückliegenden Monaten erneut dramatisch verschlechtert. Zudem hatten sich sämtliche Abschiebepläne zwischenzeitlich als nicht durchführbar erwiesen. Und schließlich waren auf Betreiben Globocniks die Vernichtungslager der »Aktion Reinhardt« fertiggestellt worden. Bełżec, Sobibór und Treblinka befanden sich in abgelegenen Regionen des Generalgouvernements und verfügten über einen Bahnanschluss. Zudem wurde aus dem Reich Personal der Aktion »T4« zur Verfügung gestellt, das über Erfahrung im Vergasen von Menschen verfügte.

Kurz nach einem Besuch Himmlers im Generalgouvernement am 13. und 14. März 1942 begannen SS und Polizei am 16. März mit der Durchführung der ersten Deportationen aus den Ghettos Lemberg (Lwów) und Lublin, deren Ziel zunächst das Vernichtungslager Bełżec war. In den Ghettos wurde die Auswahl der abzutransportierenden Juden anfangs häufig an die Judenräte delegiert. Die zu Ermordenden wussten in den ersten Tagen noch nichts von ihrem Ziel. So ist zu erklären,

Ort	Baubeginn / Inbetriebnahme	Ende der Vernichtungen	Anzahl der Ermordeten
Bełżec	1. November 1941 Februar 1942: erste Versuche 17. März 1942: Beginn der systematischen Vergasungen	Dezember 1942: letzte Vergasungen März 1943: Zerstörung der Anlage und Errichtung eines Bauernhofes	ca. 600 000
Sobibór	März 1942 April 1942: Erprobung der Gaskammern Mai 1942: Beginn der systematischen Vergasungen	Auflösung nach einem Aufstand am 14. Oktober 1943 Ende 1943: Zerstörung der Anlage und Errichtung eines Bauernhofes	ca. 250 000
Treblinka	Ende Mai 1942 23. Juli 1942	Abbau nach einem Aufstand am 2. August 1943 November 1943: Zerstörung	ca. 900 000

Übersicht 3: Vernichtungslager der »Aktion Reinhardt«

dass sich zunächst viele Juden freiwillig für den Abtransport mit dem angeblichen Ziel der Siedlungsgebiete in der Ukraine meldeten. Ab Mitte März 1942 fuhren täglich mehrere Züge nach Bełżec (Quelle 9). Erste Berichte von den Ermordungen in den Ziellagern der Züge verbreiteten sich rasch, weshalb bald systematische Durchkämmungsaktionen der Ghettos durchgeführt wurden, um die Juden gewaltsam zusammenzutreiben. Am 22. Juli 1942 setzten dann die Deportationen aus dem Warschauer Ghetto ins Lager Treblinka ein. Schätzungsweise 200 000 Personen wurden von dort innerhalb eines Monats im Zuge der »Liquidierung des Warschauer Gettos« abtransportiert (Quelle 10).

Die Ermordungen verliefen in den drei Lagern nach einem weitgehend einheitlichen Muster. Die Güterwaggons wurden durch die vornehmlich ukrainischen Hilfsarbeiter abgekoppelt und in das Lager geschoben. Die Opfer wurden mit Gewalt aus den völlig überfüllten Güterwaggons geholt. Zahlreiche Insassen waren bereits auf der Fahrt gestorben. In den Lagern der »Aktion Reinhardt« fanden im Unterschied zu Auschwitz und Majdanek kaum Selektionen statt. Nur wenige Juden blieben daher für die Arbeit im Vernichtungslager am Leben, um sie etwa für das Vergraben der Ermordeten heranzuziehen. Den Mordopfern wurde ihre letzte Habe genommen und die Haare geschoren. Nach dem Ausziehen der Kleidung wurden die Juden in Gebäude mit mehreren Gaskammern getrieben und dort mit dem Auspuffabgas Kohlenmonoxid getötet, das von großen Motoren eingeleitet wurde (Quelle 10). Die Leichen wurden anschließend vergraben. Ab Ende 1942 gingen die Sonderkommandos dazu über, die Leichen wieder auszugraben und zu verbrennen.

Die Zahl der in der »Aktion Reinhardt« ermordeten Juden wird auf ca. zwei Millionen beziffert. Einen gewissen Anhaltspunkt hierfür gibt das »Höfle-Telegramm«, zwei vom britischen Abhördienst abgefangene und entschlüsselte Funksprüche (Quelle 11). Andere Dokumente sind bereits im Herbst 1943 vernichtet worden, ebenso die Lagerbauten selbst. Die Rekonstruktion der Ereignisse in den Vernichtungsstätten ist daher vor allem auf die Berichte derjenigen angewiesen, die flüchten konnten. Auch die polnische Untergrundbewegung lieferte wichtige Belege. Neben den Mordzahlen und der Mordtechnik ist die »Aktion Reinhardt« auch wegen ihrer finanziellen Dimension signifikant für den Holocaust – und zwar für dessen Sichtweise als »Massenraubmord« (Kontroversen, 2). Die finanzielle Bilanz der Aktion bezifferte Globocnik am 5. Januar 1944 gegenüber Himmler abschließend auf Vermögenswerte in der Höhe von insgesamt 178 745 960,59 Reichsmark (RM) zugunsten des Deutschen Reichs.

Abgelieferte Geldmittel Złoty- und RM-Noten	RM 73 852 080,74
Edelmetalle	RM 8 973 651,60
Devisen in Noten	RM 4 521 224,13
Devisen in gemünztem Gold	RM 1 736 554,12
Juwelen und sonstige Werte	RM 43 662 450
Spinnstoffe	RM 46 000 000
	RM 178 745 960,59

Übersicht 4: Gesamtbilanz der geraubten Vermögenswerte der »Aktion Reinhardt«, 5. Januar 1944

Nach: *Der Prozess gegen die Hauptkriegsverbrecher vor dem Internationalen Militärgerichtshof*, Bd. 34, 4024-PS, S. 89.

Auschwitz und das System der Konzentrations- und Vernichtungslager

Ohne Auschwitz kann keine Geschichte des Holocaust geschrieben werden. Zweifellos ist kein anderer Ort so sehr zum Symbol und Synonym für den Holocaust geworden wie dieser Lagerkomplex im Osten Oberschlesiens, welches nach dem Polenfeldzug dem »Großdeutschen Reich« angeschlossen worden war. Gleichwohl muss Auschwitz zum genaueren Verständnis seiner Bedeutung in einen größeren Kontext eingeordnet werden. Denn auch die Fokussierung auf Auschwitz allein wäre unzureichend. Dadurch würden die beiden zahlenmäßig größten Gruppen des Holocaust, die polnischen und sowjetischen Juden, kaum zur Geltung kommen. Daher sind für eine Geschichte des Holocaust neben Auschwitz eben auch die »Aktion Reinhardt« sowie die Massenerschießungen in den eroberten Gebieten wesentlich.

Die meisten Mordstätten, in denen die europäischen Juden vernichtet wurden, waren formal keine Konzentrationslager. Anders als diese dienten die Vernichtungslager allein dem Zweck der Ermordung. Zwangsarbeit spielt dort kaum eine Rolle. Es waren vor allem zwei Gründe, welche zur Errichtung der Vernichtungslager führten: die angeführte psychische Belastung der Todesschützen bei den Massenerschießungen sowie die als ineffizient beurteilte Tötungstechnik des Erschießens als solche. Diese Umstände trieben die Suche nach einer anderen Methode der Massenvernichtung voran: dem Vergasen. Gleichwohl blieb das Erschießen bis zuletzt eine zentrale Mordmethode, vor allem in der Sowjetunion. Juden aus West-, Mittel- und Südosteuropa wurden hingegen überwiegend in die Vernichtungslager deportiert. Als Vernichtungslager im eigentlichen Sinne sind in der Reihenfolge der Aufnahme des Vernichtungsbetriebs zu nennen: Chełmno (Reichsgau Wartheland, Dezember 1941), Bełżec (Generalgouvernement, März 1942), Auschwitz-Birkenau (Deutsches Reich, Jahresanfang 1942) Sobibór (Generalgouvernement, Mai 1941), Treblinka (Generalgouvernement, Juli 1942) und Majdanek (Generalgouvernement, Herbst 1942).

Auschwitz hatte nun, wie auch Lublin-Majdanek, eine doppelte Funktion als Konzentrations- und Vernichtungslager. Im »System Auschwitz«, bestehend aus dem Stammlager (Auschwitz I), dem KZ Auschwitz-Birkenau (Auschwitz II) und dem KZ Auschwitz-Monowitz (Auschwitz III) sowie aus 38 Außenlagern in der Region, wurden in den Jahren 1942 bis 1944 mindestens 1,1 Millionen Menschen ermordet, davon ca. eine Million Juden (Quelle 14). Damit war Auschwitz diejenige einzelne Vernichtungsanlage des Holocaust, in der am meisten Menschen umgebracht wurden. Während in den Lagern der »Aktion Reinhardt« vornehmlich die polnischen Juden zu Tode kamen und hier das Tötungskriterium der Arbeitsunfähigkeit nicht als maßgeblich galt, wurde Auschwitz zum Zentrum der Vernichtung nach dem Selektionsprinzip.

Bereits seit Sommer 1940 war in Auschwitz auf Befehl Heinrich Himmlers ein Lager zunächst für politische Gefangene aus Polen errichtet worden, das bald nicht nur wegen seiner Größe, sondern auch wegen der dort herrschenden Brutalität berüchtigt war. Bei einem Besuch Himmlers am 1. März 1941 wird die zentrale Funktion von Auschwitz deutlich, die es zunächst erfüllte. Himmler befahl die Erweiterung des Stammlagers sowie den sofortigen Einsatz der Häftlinge beim Aufbau im Werk des IG-Farben-Konzerns, welches dieser in der Nähe errichtet hatte. Nach dem Überfall auf die Sowjetunion und im Zusammenhang mit dem »Generalplan Ost« erging am 26. September 1941 der Befehl zur Errichtung des Lagers Birkenau für 50 000 sowjetische Kriegsgefangene, die zum Einsatz im Siedlungsprogramm vorgesehen waren. Von den 10 000 dort im Oktober 1941 untergebrachten sowjetischen Kriegsgefangenen lebten wegen der unmenschlichen Lagerbedingungen im Mai 1942 noch 186. Das KZ Auschwitz erlangte somit erst 1941/42 seine Doppelfunktion als Konzentrations- und Vernichtungslager, wobei dort Inhaftierte von Beginn an, wenn auch noch nicht systematisch, ermordet wurden. Erster Kommandant von Auschwitz wurde am 4. Mai 1940 Rudolf Höß. Ende August bzw. Anfang September 1941 wurden im Stammlager erstmals Menschen mit dem Schädlingsbekämpfungsmittel Zyklon B getötet. Im weiteren Verlauf des Jahres 1941 wurden immer wieder kleinere Gruppen von Juden vergast – zunächst Zwangsarbeiter, die nicht mehr arbeiten konnten.

Die Geschichte der Massenvernichtung von Juden in Auschwitz beginnt im Januar 1942 mit der systematischen Vergasung von Juden aus Oberschlesien, dem Generalgouvernement und dem Protektorat Böhmen und Mähren. Ort des Geschehens war zunächst ein zur Gaskammer umgebautes Bauernhaus im Lager Birkenau. Eine zweite Gaskammer in einem weiteren Bauernhaus kam im Juni 1942 hinzu. Ab März 1942 gelangten die ersten vom Referat IV B 4 des RSHA und dessen Leiter Adolf Eichmann organisierten Transporte von Juden ins Lager Auschwitz. Bei diesen frühen Transporten wurden noch keine Selektionen durchgeführt. Eine erste Selektion in Auschwitz ist für den 29. April 1942 bei der Ankunft von 1054 slowakischen Juden belegt, von denen 331 vergast wurden. Seit Ende Juni 1942 wurden dann regelmäßig Selektionen an der »Judenrampe« durchgeführt. Diese wurden von den SS-Ärzten des Lagers vorgenommen. Offenbar orientierte sich die Selektionspraxis einerseits am aktuellen Arbeitskräftebedarf und der Lagerkapazität. Sie wurde andererseits aber auch durch den relativ großen Ermessensspielraum der Selektoren bestimmt.

Ab Juli 1942 kamen dann regelmäßig Züge mit Deportierten in Auschwitz-Birkenau an. In zwei umgebauten Bauernhäusern, den »Bunkern 1 und 2«, wurden bis Anfang 1943 diejenigen Juden vergast, die nicht als Häftlinge ausgesondert worden waren. Die zu Ermordenden wurden angewiesen, sich zu entkleiden. Dann wurden sie in die abgedichteten Räume getrieben. SS-Männer füllten von außen den Inhalt der Zyklon-B-Dosen über Öffnungen ein und warteten, bis alle Insassen erstickt waren. Anschließend wurden die Leichen von den jüdischen Häftlingen der Sonderkommandos herausgezogen und zunächst noch in Massengräbern beerdigt. Ab März 1943 waren dann die großen Krematorien mit den zugehörigen Gaskammern betriebsbereit. Nun konnten Tausende Juden pro Tag vergast und ihre Leichen sofort verbrannt werden. »Bunker 1 und 2« wurden jedoch immer wieder herangezogen, wenn die Tötungsanlagen nicht funktionierten.

»Aktion Erntefest«

Parallel zum Massenmord in den Vernichtungslagern wurden weiterhin Massenerschießungen vorgenommen. Die »Aktion Erntefest« wurde am 3. und 4. November 1943 durchgeführt und steht gewissermaßen am Ende der »Aktion Reinhardt«. Etwa 43 000 Juden wurden in ihrem Verlauf erschossen. Betroffen waren vor allem das KZ Majdanek, die Arbeitslager Trawniki und Poniatowa sowie weitere kleinere Lager. Unter der Leitung des SS- und Polizeiführers des Distrikts Lublin, Jacob Sporrenberg, waren an der Aktion mehrere tausend Männer der Waffen-SS sowie Einheiten des SD und der Polizei beteiligt. Auch eine SS-Einheit aus Auschwitz wurde hinzugezogen. In Trawniki befanden sich auch die Frauen und Kinder aus dem Warschauer Ghetto, während in Majdanek die Insassen aus kleineren Lagern der Umgebung zusammengezogen worden waren. Jüdischen Arbeitskommandos wurde befohlen, die Leichen der Erschossenen zu verbrennen. Anschließend wurden sie selbst erschossen. Die »Aktion Erntefest« ist dabei als Reaktion Himmlers auf die vorhergehenden Aufstände in den Vernichtungslagern Treblinka und Sobibór sowie auf den Aufstand im Warschauer Ghetto vom Mai 1943 zu sehen. Sie kann daher auch als »Höhepunkt von Himmlers Kreuzzug zur Vernichtung des polnischen Judentums« (Browning, 1999, S. 136) bezeichnet werden. Aber auch die Kriegswende und das Erstarken der Roten Armee sind zu bedenken, wenn nach den Gründen der Auflösung der Lager und einer neuerlichen Massenerschießung solchen Ausmaßes gefragt wird. Dies verweist im Zuge der Chronologie des Zweiten Weltkriegs bereits auf die letzte Phase des Holocaust.

Das Ende 1944/45: Räumung der Lager und Todesmärsche

Der von den Häftlingen der Konzentrations- und Vernichtungslager geprägte Begriff »Todesmärsche« bezeichnet eine letzte Phase innerhalb der Auflösung des Lagersystems in den letzten Monaten des Zweiten Weltkriegs. Auf den sich zum Teil über mehrere hundert Kilometer tagelang erstreckenden Fußmärschen wurden erschöpfte Häftlinge am Straßenrand erschlagen oder erschossen. Die Leichen wurden oft nur eilig verscharrt. Manche Züge und Schiffe, welche die Überlebenden der Lager transportierten, wurden zudem von alliierten Tieffliegern bombardiert in der Annahme, es handele sich um Truppentransporte. Die Räumung der Lager war dabei geprägt durch das Fehlen klarer Befehlsstrukturen, durch chaotische Zustände und die erneute Brutalisierung angesichts der bevorstehenden Niederlage. Das konkrete Ausmaß vor Ort war wiederum abhängig von den jeweiligen Lagerkommandanten, an die Himmler die Entscheidungsgewalt bei einer Räumung übergeben hatte. Gleichwohl lassen sich aber auch hier verschiedene Phasen erkennen. In einer ersten Phase, die bis Frühherbst 1944 andauerte, wurden das holländische KZ s'-Hertogenbosch-Vught und das KZ Natzweiler im Elsass sowie das polnische Lager Majdanek aufgelöst. Ein erster Todesmarsch wurde nach der Räumung des KZs Warschau durchgeführt, welches nach der Zerstörung des Warschauer Ghettos errichtet worden war. Diesen Marsch, der am 28. Juli 1944 begonnen hatte, überlebten ca. 1000 der 3600 gefangenen Juden nicht. Innerhalb der zweiten Phase, die sich ab Januar 1945 vollzog, führte das Zusammenbrechen der Front im Osten zu einer Forcierung der Lagerauflösungen und Todesmärsche. Über 50 000 Häftlinge des KZs Auschwitz wurden über Hunderte Kilometer in verschiedene, fern der Front gelegene Lager »evakuiert« – wie es in den NS-Dokumenten heißt. Die Verschärfung der Situation zeigt sich auch daran, dass die jüdischen Lagerhäftlinge, welche statt zu Fuß in Güterwaggons abtransportiert wurden, zu Tausenden an Kälte und Hunger starben. In der dritten Phase ab April 1945 wurden nun auch die Lager im Reichsinneren geräumt. Diese waren ohnehin schon durch die Überlebenden der eintreffenden Todesmärsche und Todestransporte überbelegt. Die Häftlinge der Lagerkomplexe Buchenwald, Flossenbürg, Dachau und Mauthausen, die angesichts der heranrückenden US-Armee geräumt wurden, wurden über die Südroute in Richtung Alpen geschickt, während die Überlebenden in Sachsenhausen, Ravensbrück und Neuengamme wegen der Großoffensive der Roten Armee und des Vordringens der Briten auf der Nordroute nach Schleswig-Holstein getrieben wurden. Neuere Forschungen gehen davon aus, dass von den über 700 000 Gefangenen, die sich im Januar 1945 noch in den Lagern befanden, ca. 300 000 bei den Todesmärschen ums Leben gekommen sind.

5 Räume des Holocaust

Ein Erklärungsansatz für den Holocaust lässt sich nicht nur entlang der Zeitachse entwickeln. Der Holocaust war in der Art und Weise seiner Durchführung auch bezogen auf den konkreten Raum, in dem er sich vollzog. Diese »Räume des Holocaust« waren abhängig von dem sich im Zweiten Weltkrieg ausbreitenden Herrschafts- und Einflussbereich des nationalsozialistischen Deutschland einerseits, von den Strukturen und Personen vor Ort andererseits. Geopolitische und geostrategische Faktoren, aber auch gewachsene nationale Traditionen sind zu bedenken, wenn nun – ohne Anspruch auf Vollständigkeit – gefragt wird, warum der Holocaust in den jeweiligen Ländern und Regionen Europas unterschiedliche Ausmaße annahm.

Anders als in Polen, den besetzten Gebieten der Sowjetunion (vgl. dazu Kap. 4: »Phasen des Holocaust«) sowie in Serbien und dem Banat, wo die Juden oft schon durch Massenerschießungen direkt vor Ort umgebracht worden waren, wurden die Juden im nord-, süd-, west- und mitteleuropäischen Raum zum Großteil erst nach Transporten durch halb Europa in den Vernichtungslagern im Osten ermordet. Von ebenso grundsätzlicher Bedeutung ist auch, ob es sich bei dem betreffenden Territorium um das Deutsche Reich selbst, von diesem besetzte Gebiete oder um verbündete Staaten handelte. Im eigenen Staatsgebiet sowie in den besetzten Ländern und Gebieten konnte die NS-Führung uneingeschränkt über die Juden verfügen. Bei den verbündeten Staaten wurde hingegen meist auf dem Verhandlungswege über das Schicksal der Juden entschieden. Zudem müssen als Einflussfaktoren auf die Raumdimension des Holocaust auch logistische Gründe wie die Transportmöglichkeiten und die Vernichtungskapazitäten der jeweiligen Lager berücksichtigt werden.

Juden im »Altreich«, in Österreich, im Protektorat Böhmen und Mähren sowie in den sudetendeutschen Gebieten

Mit dem 15. Oktober 1941, und damit noch vor der Wannsee-Konferenz, setzte die systematische Deportation von Juden aus dem sogenannten »Altreich«, Österreich, dem Protektorat Böhmen und Mähren sowie dem Sudetenland ein. Ab diesem Zeitpunkt verließen phasenweise täglich Transporte aus diesen Gebieten das Deutsche Reich. Bis zum Ende des Jahres 1941 wurden so in 28 Transporten bereits mehr als 28 000 Juden deportiert. Fast 130 000 weitere Personen sollten noch folgen. Die Deportationsdichte aus diesen Räumen war dabei durchaus unterschiedlich. So gab es etwa aus dem Reichsgau Sudetenland kaum Deportationen, weil dort Mitte 1939 nach mehreren Vertreibungswellen nur noch 10 % der ursprünglich ca. 24 000 Juden lebten. Kein anderes Gebiet war bereits Ende 1938 in einem ähnlichen Maße »judenfrei« gemacht worden wie das Sudetenland.

Im Oktober 1941 endeten sämtliche Deportationszüge aus den betreffenden Gebieten noch im Ghetto Łódź (Litzmannstadt). Die ankommenden Juden wurden dort zunächst noch nicht umgebracht. Anders war dies jedoch bei einem Zug aus Berlin, der am 30. November 1941 in Riga ankam. Alle Insassen wurden sofort nach ihrer Ankunft am »Rigaer Blutsonntag« unter dem Kommando von Friedrich Jeckeln erschossen. Wie mit den deutschen Juden in den ankommenden Deportationstransporten zunächst verfahren wurde, war somit uneinheitlich. Einen allgemeinen Befehl zur sofortigen Tötung scheint es Ende des Jahres 1941 offenbar noch nicht gegeben zu haben. Spätestens ab April 1942 war die umgehende Ermordung der aus dem Reich ankommenden Juden jedoch die Regel. Zunächst wurden die als »arbeitsunfähig« eingestuften Juden erschossen.

Ab dem Sommer 1941 wurden zudem sogenannte »Aktionen« in den Zielghettos durchgeführt. In den Ghettos Minsk und Riga wurden Tausende bisherige Bewohner zusammengetrieben und erschossen, um die ankommenden »reichsdeutschen« Juden aufnehmen zu können. Die Juden aus dem Ghetto Łódź (Litzmannstadt) hingegen wurden in das Vernichtungslager Chełmno (Kulmhof) geschickt. Für den Juni 1942 sind erste Transporte belegt, etwa aus Frankfurt a. M. und Berlin, die direkt im Vernichtungslager Sobibór endeten. Am 11. Juli 1942 taucht erstmals Auschwitz als Zielort eines Zuges auf, der Deutschland von Hamburg, Bielefeld und Berlin aus verlassen hatte.

Ende des Jahres 1942 lebten in der Regel nur noch diejenigen Juden auf dem Reichsgebiet, die mit Nichtjuden verheiratet waren bzw. in den als kriegswichtig erklärten Betrieben arbeiteten. Am 27. Februar 1943 änderte sich dies jedoch. Juden, die in Fabriken arbeiten, wurden durch »Fremdarbeiter«, meist Arbeitssklaven aus den besetzten Gebieten, ersetzt und nach Auschwitz deportiert. Am 19. Mai 1943 wurde Berlin für »judenfrei« erklärt. Anfang 1944 wurden schließlich auch die Juden aus nicht mehr bestehenden deutsch-jüdischen Eheverbindungen von den Deportationen erfasst. Diese wurden nach Theresienstadt gebracht. Im Januar 1945 sollten auch noch die allerletzten in Deutschland lebenden Juden festgenommen und ermordet werden. Dies scheiterte jedoch häufig an den Kriegswirren der letzten Wochen und Tage des Zweiten Weltkriegs. Bis zur deutschen Kapitulation waren insgesamt ca. 150 000 Juden aus Deutschland, ca. 65 000 aus Österreich und 80 000 aus dem Protektorat Böhmen und Mähren umgebracht worden.

Juden in den nach Kriegsbeginn besetzten Staaten

Nach der Wannsee-Konferenz gingen die Deutschen nun verstärkt daran, die besetzen Gebiete »judenfrei« zu machen. Neben Polen, der ehemaligen Tschechei und den westlichen Gebieten der Sowjetunion betraf dies vor allem die Benelux-Staaten, den nördlichen Teil Frankreichs, Dänemark und Norwegen sowie Serbien und Griechenland.

Durch das schnelle Vordringen der Wehrmacht während des ersten Kriegsjahres gerieten auch etwa eine halbe Million Juden in Nord- und Westeuropa unter deutsche Besatzung. Unmittelbar nach dem Einmarsch deutscher Truppen im Frühsommer 1940 begann in allen betroffenen Staaten – mit Ausnahme Dänemarks – die Verfolgung der Juden, wobei das Ausmaß nicht überall gleich war. Die Unterschiede in der Durchführung der Maßnahmen gegen die Juden hingen zum einen davon ab, ob sich in den jeweiligen Ländern die Institutionen des RSHA mit eigenen Judenreferenten etablierten. Andererseits wurde das Vorgehen gegen die Juden auch davon beeinflusst, inwiefern die einheimischen Behörden mit der Besatzungsmacht kooperierten und wie stark eine antisemitische Grundhaltung bei der Bevölkerung ausgeprägt war.

Die einzelnen Schritte der Verfolgung der Juden in den besetzen Gebieten Nord- und Westeuropas waren dabei grundsätzlich sehr ähnlich, bauten aufeinander auf und orientierten sich am Vorgehen in Polen 1939/40, wobei sie insgesamt nicht die dortige Intensität erreichten. Am Anfang stand die behördliche Erfassung und Registrierung der Juden, gefolgt von der Diskriminierung durch Gesetze und behördliche Schikanen mit dem Ziel, die Juden von der einheimischen Bevölkerung zu isolieren. Nach der Enteignung jüdischen Besitzes und Vermögens wurde schließlich die Vorbereitung der Deportation durch ein Auswanderungsverbot vorgenommen. Diese Maßnahme wurde für Westeuropa im Oktober 1941 umgesetzt, während aus dem Reich und Luxemburg zu dieser Zeit bereits die ersten Transporte Richtung Polen unterwegs waren.

Trotz dieser zielstrebigen Abfolge zeigt sich auch hier, dass zu Beginn der deutschen Besatzung in Nord- und Westeuropa der Führung in Berlin noch nicht klar war, was mit den dortigen Juden geschehen sollte. Solange aber noch nicht geklärt war, wohin die Juden zu deportieren waren, mussten sie in ihren Heimatländern bleiben und wurden in bestimmten Gegenden konzentriert. Am 20. Mai 1941 ließ das RSHA verlauten, dass im Hinblick auf »die zweifellos kommende Endlösung der Judenfrage« die Auswanderung der Juden aus Belgien und Frankreich zu verhindern sei (VEJ, Bd. 3, Dok. 182, S. 461).

Auch in den besetzten Ländern Nord- und Westeuropas sollte dann der Beginn des Krieges gegen die Sowjetunion eine Zäsur darstellen. Da sich nun im Osten die Gelegenheit zur Durchführung der Judenvernichtung bot, intensivierten die deutschen Behörden ihr Vorhaben, einen Teil der Juden in Lagern zu sammeln, um sie dann zum gegebenen Zeitpunkt rasch abtransportieren zu können. Derartige Maßnahmen waren jedoch immer abhängig vom tatsächlichen Kriegsverlauf und dem Vordringen der Wehrmacht. Da dieses gegen Ende des Jahres 1941 zum Erliegen kam, stagnierten auch die Deportationsvorbereitungen. In der deutschen Führung wurde das weitere Vorgehen gegen die Juden nun immer intensiver diskutiert mit dem Ergebnis, dass mit der Deportation aller europäischen Juden nicht mehr bis zum Kriegsende gewartet wurde. Alle Betroffenen sollten nun nach Polen gebracht, die arbeitsfähigen Juden selektiert und die übrigen Juden sofort umgebracht werden.

In *Norwegen* wurde die dortige Staatspolizei zwei Tage nach dem Beginn des Überfalls auf die Sowjetunion angewiesen, erste gezielte Verhaftungen von Juden vorzunehmen. Am 10. Oktober 1941 wurde der norwegischen Polizei vom Befehlshaber der Sicherheitspolizei und des SD, Friedrich Wilhelm Rediess, aufgetragen, die Kennzeichnung der Ausweise der Juden vorzubereiten. Am 10. Januar 1942 wurde diese verfügt und am 22. Januar in der Presse veröffentlicht. Auf der Basis dieser und weiterer Registrierungsmaßnahmen gelang es, ein Verzeichnis von etwa 1400 Juden zu erstellen, das vom Herbst 1942 an zur Verhaftung und Deportation herangezogen wurde. Am 26. November 1942 verließ das erste Schiff mit festgenommenen Juden den Hafen von Oslo. Dieser Transport erreichte über Stettin sein Ziel Auschwitz am 1. Dezember 1942.

Die jüdische Gemeinde in *Dänemark* umfasste zum Zeitpunkt des Einmarsches deutscher Truppen am 9. April 1940 ca. 7500 Personen. Konsequente Maßnahmen gegen die Juden blieben – abgesehen von antisemitischen Aktionen der dänischen Nationalsozialisten – zunächst noch eher die Ausnahme, da Deutschland aus strategischen und wirtschaftlichen Gründen Dänemark eine eingeschränkte Souveränität gewährt hatte. Im Sommer 1943 ändert sich die Situation: Nach antideutschen Demonstrationen und Streiks befahl Hitler einen härteren Kurs auch im Umgang mit den dänischen Juden. Am 1./2. Oktober 1943 war geplant, die vor allem in Kopenhagen lebenden dänischen Juden in einer nächtlichen Aktion zu deportieren. Das Vorhaben blieb aber nicht geheim. Statt der erwarteten 6000 Juden wurden zunächst nur 284, durch weitere Razzien dann insgesamt 474 Juden festgenommen. Mehrere tausend Juden konnten mit Unterstützung dänischer Hilfsorganisationen und der Bevölkerung nach Schweden fliehen, welches sich bereit erklärt hatte, alle jüdischen Flüchtlinge aus Deutschland aufzunehmen. Zudem erreichte die dänische Notregierung, dass die verhafteten Juden nicht nach Auschwitz, sondern nach Theresienstadt in das dortige Altersghetto deportiert und dort relativ milde behandelt wurden. Zuletzt gestattete es das RSHA auch, dass am 15. April 1945 alle überlebenden dänischen Juden mit Hilfe des schwedischen Roten Kreuzes von Theresienstadt nach Schweden gebracht werden konnten. Diese weitgehende Rettung der dänischen Juden stellt einen einmaligen Sonderfall in der Geschichte des Holocaust dar.

In den *Niederlanden* wurde die Kennzeichnung mit dem Judenstern am 1. Mai 1942 verfügt, nachdem ab Januar 1942 mit der Vorbereitung der Deportation begonnen worden war. Die Registrierung und Markierung der Pässe war schon vorher erfolgt. Im Juni 1942 wurde begonnen, alle niederländischen Juden in Amsterdam oder in den Lagern Westerbork und Vught zu sammeln. Am 15. Juli 1942 fuhr der erste Zug mit 1135 niederländischen Juden von Westerbork nach Auschwitz. In *Belgien* wurde Ende Juli 1942 etwa 12 000 Juden befohlen, sich zum Arbeitseinsatz im Osten in der Kaserne Dossin in Mechelen zu melden. Viele der Betroffenen weigerten sich jedoch. Daraufhin wurden von den deutschen Behörden Strafaktionen angekündigt und Razzien durchgeführt. Die dabei verhafteten Juden wurden in das Durchgangslager der Kaserne Dossin gebracht. Ein erster Transport von hier nach Auschwitz erfolgte am 4. August 1942 mit 998 Juden.

In *Luxemburg* musste die dortige Israelitische Kultusgemeinde am 5. Oktober 1941 den knapp 1000 luxemburgischen Juden mitteilen, dass sämtliche Juden Luxemburg in kurzer Zeit verlassen müssten. Genaue Kenntnis über das Ziel der hier angekündigten Deportationen hatte die Israelitische Kultusgemeinde zu dieser Zeit noch nicht, doch »glauben wir, daß das Ziel der Osten sein soll« (VEJ, Bd. 3, Dok. 214, S. 554). In der Hoffnung, die Deportation doch noch verhindern zu können, schlug die Israelitische Kultusgemeinde am 13. Oktober 1941 der Gestapo die Unterbringung der ca. 400 zu diesem Zeitpunkt noch in Luxemburg wohnenden Juden im Kloster Fünfbrunnen in Ulflingen vor. Im Rahmen der Deportationen aus dem Reich wurden jedoch am 16. Oktober 1941 331 Juden aus Luxemburg in das Ghetto Łódź (Litzmannstadt) gebracht. Nur einen Tag zuvor war noch ein Transport mit 120 jüdischen Auswanderern nach Portugal abgefahren. Dies verdeutlicht den auffälligen Wechsel von der forcierten Auswanderung hin zur Deportation in die Vernichtungslager im Osten.

In *Frankreich* gingen die deutschen Behörden nach dem Beginn des Krieges gegen die Sowjetunion von einer Intensivierung des Widerstandes der dort einflussreichen kommunistischen Partei aus. Ende August und Anfang September 1941 kam es zu kommunistischen Attentaten und deutschen Vergeltungsmaßnahmen. In diesem Zusammenhang wurden erste Deportationen durchgeführt, die neben Kommunisten auch Juden betrafen. Nach weiteren Attentaten und darauf folgenden Razzien wurden am 12. Dezember 1941 742 Juden in Paris festgenommen. Drei Tage später wurden 75 Personen hingerichtet. Wie in anderen besetzen Ländern wurde auch in Frankreich unter dem Druck der Besatzungsmacht mit der »Union Générale des Israélites de France« (UGIF) eine Zwangsorganisation der Juden eingerichtet. Im französischen Judentum gab es eine heftige Debatte darüber, ob und inwieweit man in dieser Organisation mitarbeiten solle, um das Schlimmste zu verhindern und in Verhandlungen mit der Vichy-Regierung Abmilderungen der Maßnahmen gegen die Juden zu erreichen. Welches Schicksal ihnen im Osten drohte, war den französischen Juden durchaus bekannt. Die jüdische Untergrundpresse warnte vor einer zu erwartenden Verschärfung der Maßnahmen der Besatzungsmacht in Frankreich. Aufgrund der für Frankreich spezifischen Schwierigkeiten wurden die Besatzungsstrukturen im Frühjahr 1942 zugunsten des RSHA umgestaltet. Im März 1942 wurde in diesem Zusammenhang die Dienststelle des Höheren SS- und Polizeiführers eingerichtet, die auch alle Zuständigkeiten in der Judenfrage erhielt. Ende März 1942 waren die organisatorisch-technischen Vorbereitungen für den Transport der Juden aus Frankreich weitgehend abgeschlossen. Der erste Zug mit 1100 Juden aus Frankreich verließ am 27. März 1942 um fünf Uhr nachmittags mit dem Ziel Auschwitz den Bahnhof Le Bourget in Drancy. In hoher Dichte folgten weitere Deportationen und Vergeltungsmaßnahmen für Anschläge des französischen Widerstandes. Bis zum 31. Mai 1942 wurden 471 Erschießungen von Juden und Kommunisten vorgenommen sowie ca. 6000 Personen deportiert. Im Juni 1942 wurde der Judenstern eingeführt, eine Maßnahme, die auf Seiten der Militärverwaltung bis zu diesem Zeitpunkt noch auf Ablehnung gestoßen war. Es folgten weitere Transporte von Juden nach Auschwitz: von Compiègne aus am 5. Juni 1942, von Drancy aus am 22., 25. und 28. Juni 1942.

Wie gezeigt werden konnte, unterschied sich die Strategie der Deutschen in den Ländern West- und Nordeuropas von dem massiven Vorgehen im zu Beginn des Zweiten Weltkriegs unterworfenen Polen. Im Norden und Westen erfolgte die Etablierung von Besatzungsregimen durch das Militär und die Zivilbehörden in Abhängigkeit von den vor Ort gegebenen Bedingungen. Grundsätzlich wurde der Versuch unternommen, Teile der Verwaltung und Bevölkerung zur Kollaboration zu bewegen. Die Bereitschaft der Bevölkerung in den besetzten Gebieten Nord- und Westeuropas, sich an antisemitischen Maßnahmen, wie sie in Deutschland seit 1933 vorexerziert worden waren, zu beteiligen, war dabei unterschiedlich ausgeprägt. In einigen Ländern gab es deutliche Vorbehalte gegen das von den Besatzern vorgegebene Vorgehen gegen die Juden. Dennoch ließen im Laufe der Zeit in allen Ländern, mit Ausnahme Dänemarks, diese Vorbehalte nach und wichen einer mehr oder weniger stark ausgeprägten Bereitschaft, sich an der Verfolgung und Deportation der Juden zu beteiligen. Die Juden selbst waren genötigt, unterschiedliche Strategien im Umgang mit der neuen Situation zu entwickeln. Diese reichten von der Verweigerung über den Versuch, Milderungen auszuhandeln, bis zur erzwungenen Unterwerfung unter das Vorgehen der Besatzungsbehörden. Die hinsichtlich der antisemitischen Maßnahmen zu Beginn der deutschen Expansion bestehenden Unterschiede wurden im Zuge des Krieges gegen die Sowjetunion relativ zügig beseitigt. Nach der Wannsee-Konferenz im Januar 1942 wurde schließlich eine sehr weitgehende organisatorische Angleichung des Vorgehens gegen die Juden vorgenommen. Dies betraf vor allem die Vorbereitung und Durchführung der Deportationen in Frankreich, den Niederlanden und Belgien. Dennoch zeigt sich auch hier die Unterschiedlichkeit nach Raum und Zeit: In Norwegen erfolgte der erste Transport nach Auschwitz erst 10 Monate nach der Wannsee-Konferenz, zu einem Zeitpunkt also, als es etwa in Luxemburg schon fast keine Juden mehr gab.

Anders wiederum verlief der Holocaust in den von Deutschland besetzten Ländern in Südosteuropa. In *Griechenland* war die territoriale Situation kompliziert. Das Schicksal der dortigen Juden hing von dem Vorgehen der deutschen, bulgarischen und italienischen Besatzer ab. Diese hatten das Land nach der Niederlage Griechenlands gegen die Achsenmächte zu Beginn des Jahres 1942 in drei Besatzungszonen aufgeteilt. Zunächst blieben Verfolgungen und Deportationen der griechischen Juden noch weitgehend aus. Zu Beginn des Jahrs 1943 wuchs allerdings der Druck von Seiten des Auswärtigen Amtes, konkrete Maßnahmen auch auf die griechischen Juden auszudehnen. Zunächst stimmte die bulgarische Regierung für ihr Besatzungsgebiet in Thrakien zu. Ab März 1943 wurden über 4000 Personen nach Treblinka transportiert. Auch aus dem deutschen Gebiet wurden nun die Juden deportiert. Im März und April 1943 waren dies allein fast 48 000 Juden, die mehrheitlich unmittelbar nach ihrer Ankunft in Auschwitz vergast wurden. Die italienische Regierung weigerte sich allerdings, die Maßnahmen gegen die Juden auch auf ihr Besatzungsgebiet auszudehnen. Zudem gelang es italienischen Konsularbeamten in Saloniki, einige hundert Juden aus dem deutschen Bereich in die italienische Zone zu bringen. Die Phase relativer Sicherheit der griechischen Juden im italienisch besetzten Zentralgriechenland endete jedoch mit der Kapitulation Italiens. Im September 1943 wurde nun auch dieser Teil Griechenlands von deutschen Truppen besetzt. In der Folgezeit wurden über 54 000 Juden nach Auschwitz deportiert. Weniger als fünf Prozent kehrten nach dem Krieg in ihre griechische Heimat zurück. Für Griechenland lässt sich damit im Verhältnis zur Gesamtbevölkerung nach Polen der höchste Prozentsatz von ermordeten Juden feststellen.

Die etwa 17 000 Juden in *Serbien* und dem *Banat* wurden kurz nach dem Balkanfeldzug vom April 1941 denselben Diskriminierungsmaßnahmen unterworfen wie die Juden im Deutschen Reich. Im Zuge von »Sühne- und Vergeltungsmaßnahmen« im September und Oktober 1941 wurden dann fast alle wehrfähigen jüdischen Männer von der Einsatzgruppe Serbien und Einheiten der Wehrmacht erschossen. Frauen, Kinder und ältere Männer wurden in verschiedenen Lagern, zumal im Lager Sajmište, inhaftiert. Nach der Ermordung der inhaftierten Juden im Lager Sajmište im Frühjahr 1942 meldete der Befehlshaber der Sicherheitspolizei und des SD in Serbien, Emanuel Schäfer, im Frühjahr dem RSHA in Berlin, Serbien sei nun »judenfrei«. Harald Turner, der Chef der Militärverwaltung, konnte daher im August 1942 feststellen, Serbien wäre das einzige Land, in dem die »Judenfrage« tatsächlich »gelöst« sei.

Juden in den mit Deutschland verbündeten Staaten

Im Unterschied zum Deutschen Reich und den besetzten Gebieten konnte die nationalsozialistische Führung die Deportationen bei den verbündeten Staaten nicht gänzlich ohne diplomatische Bemühungen mit dem Ziel des Einverständnisses der Verbündeten erreichen. Wie sehr Deutschland dabei diplomatisch taktierte, hing auch von der Bedeutung der Verbündeten ab. Die konkrete Durchführung der »Endlösung der Judenfrage« auf dem Gebiet der Verbündeten war daher immer wieder Verhandlungssache und oft ein von den Verbündeten genutztes Feld, um Zugeständnisse in anderen Bereichen zu erzielen.

Die *Slowakei* war seit dem 14. März 1939 ein eigenständiger, aber vertraglich eng an das Deutsche Reich gebundener Staat. Schon früh wurde die jüdische Bevölkerung, etwa 5 % der Einwohner, entrechtet und zum Teil nach Ungarn deportiert. 1941 wurden die bisherigen Maßnahmen gegen die Juden im »Judenkodex« systematisch erfasst. Im Sommer 1940 wurde mit dem SS-Hauptsturmführer Dieter Wisliceny, der dem RSHA angehörte, ein offizieller »Judenberater« nach Bratislava geschickt. Im Mittelpunkt der Maßnahmen gegen die Juden stand zunächst die »Arisierung« jüdischen Eigentums. Nach der Wannsee-Konferenz wurde zwischen der deutschen und der slowakischen Regierung die Deportation sämtlicher Juden vereinbart. Vom März bis zum Oktober 1942 wurden in 57 Transporten fast zwei Drittel der slowakischen Juden, ca. 58 000 Menschen, vor allem nach Auschwitz und Lublin deportiert. Nur knapp 300 überlebten. In Teilen der Bevölkerung sowie bei führenden Vertretern der katholischen Kirche regte sich nun aber zunehmend Widerstand, weshalb die slowakische Regierung die Deportationen zunächst einstellte. Nach dem Ausbruch des slowakischen Nationalaufstandes gegen die Deutschen und der Besetzung des Landes durch deutsche Einheiten wurden zwischen September 1944 und März 1945 erneut in elf Transporten etwa 11 500 Juden in die Vernichtungslager gebracht.

Im Gebiet des am 10. April 1941 ausgerufenen »Unabhängigen Staates Kroatien« (USK), zu dem auch *Bosnien-Herzegowina* gehörte, lebten annährend 40 000 Juden. Der von Hitler und Mussolini geförderte Ante Pavelić und seine faschistische Ustascha-Bewegung gehörten zu den treusten Verbündeten des NS-Regimes. Kein anderes Land der Achsenmächte und ihrer Verbündeten kann so sehr hinsichtlich der Durchführung von Massenmorden mit Deutschland selbst verglichen werden wie Kroatien unter Pavelić. Am 30. April übernahm dieser mit seinem Rassegesetz die Bestimmungen des Deutschen Reiches gegen die Juden. Danach wurden die Juden in KZs auf dem Staatsgebiet interniert. Die Schätzungen der dort ermordeten oder an Krankheiten verstorbenen Juden belaufen sich auf bis zu 26 000 Juden. Im Sommer 1942 befahl das RSHA dem in Zagreb ansässigen deutschen Polizeiattaché Hans Helm die Vorbereitung der Deportation der noch auf dem Gebiet des USK lebenden Juden. Diese erfolgte in zwei Wellen. Zunächst wurden 5000, dann nochmals 1500 Juden meist nach Auschwitz gebracht. Ca. 5000 Juden konnten jedoch fliehen – und zwar zumeist in den von Italien annektierten Teil Dalmatiens. Trotz massiven Drucks von deutscher Seite weigerte sich der italienische General Mario Roatta, der andererseits für Kriegsverbrechen an Kroaten und Slowenen verantwortlich zu machen ist, diese Juden an die Wehrmacht bzw. die kroatischen Behörden zu übergeben. Erst nach der italienischen Kapitulation wurden einige hundert der geflüchteten Juden von der Gestapo verhaftet und nach Auschwitz deportiert.

Das Verhalten *Rumäniens* gegenüber den Juden war uneinheitlich. Bereits im Vorfeld der Herrschaft von General Ion Antonescu waren eine Reihe antisemitischer Gesetze erlassen worden. Als die Sowjetunion mit deutscher Billigung im Juni 1940 Rumänien zwang, Bessarabien und die Bukowina abzutreten, verübte das rumänische Militär auf seinem Rückzug mit Unterstützung der Zivilbevölkerung Massaker an den Juden. Wegen seiner Beteiligung am Angriff auf die Sowjetunion erhielt Rumänien, das inzwischen von General Antonescu regiert wurde, Transnistrien. Dieses lag in der südlichen Ukraine, zwischen den Flüssen Dnjestr und Bug. Dort erfolgten zwischen 1941 und 1944 die von General Antonescu befohlenen Deportationen der Juden. Auch in Rumänien vollzog sich eine Radikalisierung im Zusammenhang mit dem Krieg gegen die Sowjetunion, an dem sich Rumänien mit zwei Armeen beteiligte. Innerhalb weniger Tage verübten rumänische Militärs und Zivilisten im nordrumänischen Iaçi ein Massaker, welches über 10 000 Juden das Leben kostete. Zusammen mit SS-Verbänden, meist der Einsatzgruppe D, gingen rumänische Einheiten brutal gegen die Juden in der von der Sowjetunion zurückeroberten Bukowina und in Bessarabien vor. Etwa 50 000 wurden dabei getötet, die überlebenden 150 000 wurden in das Gebiet zwischen Dnjestr und Bug deportiert, wo ca. 65 000 durch Hunger und Krankheiten starben oder ermordet wurden. Ende 1942 vollzog Antonescu jedoch einen Kurswechsel. Er verweigerte offensichtlich deshalb die weitere Zusammenarbeit mit den Deutschen hinsichtlich der Juden, weil er die rumänische Position bei einem möglich erscheinenden Separatfrieden stärken wollte. Die deutsche Seite hatte wenig Druckmittel, sie war auf das rumänische Erdöl angewiesen. Anstelle der Deportationen sah Antonescu nun in der Auswanderung der Juden das Mittel der Wahl. Etwa 5000 Juden konnten das Land mit dem Ziel Palästina verlassen. Mehrere Schiffe, welche die Juden dorthin bringen sollten, wurden von den Deutschen versenkt. Im Unterschied zu den ca. 400 000 ermordeten rumänischen Juden auf dem Gebiet Siebenbürgens, der Bukowina und Bessarabiens überlebten den Krieg relativ viele der noch in Zentralrumänien lebenden Juden.

Ebenfalls zwiespältig war die Haltung *Bulgariens*. Dieses hatte nach dem Balkanfeldzug 1941 in erheblichem territorialem Umfang von seinem Bündnis mit Deutschland profitiert. Zu den 50 000 Juden im bulgarischen Altreich kamen durch die Gebietszugewinne in Nord- und Ostmazedonien und Thrazien ca. 13 000 Juden hinzu. Am 21. Januar 1941 verabschiedete das Parlament antijüdische Gesetze. Im Februar 1943 wurde mit dem deutschen »Judenberater« Theodor Dannecker ein Abkommen über die Deportation von 20 000 Juden geschlossen. Einen Monat später wurden zur Erfüllung dieses Abkommens etwa 11 000 Juden, die aus den ehemals griechischen bzw. jugoslawischen Gebieten stammten, zusammengetrieben und der Deportation nach Treblinka übergeben. Um die zugesagte Zahl von 20 000 jedoch zu erfüllen, führte die bulgarische Regierung eine Aktion gegen die Juden im bulgarischen Altreich durch. Diese stieß jedoch im Unterschied zum Vorgehen gegen die Juden in den neu hinzugewonnenen Gebieten auf erheblichen Widerstand. Eine Gruppe Parlamentarier wandte sich gegen diese Aktion, und auch Teile der orthodoxen Kirche protestierten. Die Regierung musste einlenken. In der Folgezeit kam es zwar zur Umsiedlung der Juden aus Sofia in die bulgarische Provinz und zu Eigentumskonfiszierungen. Doch auch diese riefen Proteste hervor. Am 30. August 1944 wurde das Vorgehen gegen die bulgarischen Juden eingestellt. Der Grund hierfür war neben dem inneren Widerstand sicherlich auch die Hoffnung auf einen separaten Frieden mit den Gegnern Deutschlands. Am Vorgehen gegen die Juden in den hinzugewonnenen Gebieten Bulgariens wurde keine Kritik geübt. Die dortigen Juden hatten keinen Fürsprecher. Sie standen der Bulgarisierungspolitik der Regierung im Wege.

Die Meinung, *Italien* sei eine eher positive Ausnahme in der Geschichte des Holocaust gewesen und womöglich als »faschistischer Judenretter« zu bezeichnen, wird immer wieder geäußert. Am Anfang dieser fragwürdigen Sicht Italiens steht die Bewertung der Rolle Benito Mussolinis. Dieser sei kein Antisemit gewesen. Mussolini war freilich der erste und wichtigste Verbündete Hitler-Deutschlands. Schon früh, noch als Sozialist, hatte der spätere »Duce« im Juni 1919 in seiner Tageszeitung *Il Popolo d'Italia* jüdische Bankiers aus New York und London für die russische Revolution verantwortlich gemacht und diesen Rachepläne gegen die »arische Rasse« unterstellt. Seit der Regierungsübernahme 1922 gab sich Mussolini dagegen bezüglich der »Judenfrage« zurückhaltender und ambivalent. Offiziell stellte er jeden Antisemitismus für Italien in Abrede. Inoffiziell steigerte er aber weiterhin den Druck auf das italienische Judentum, auch mit Hilfe der Kirche. Daher kann mit Blick auf die neuere Forschung zum italienischen Faschismus und dessen Verhältnis zum Judentum von einer Kontinuität, ja sogar von einer sukzessiven Steigerung eines eigenen italienischen Antisemitismus gesprochen werden. Seit 1938, also noch vor dem Militärbündnis mit Deutschland, hatte sich die Lage der Juden verschlechtert. Besonders zu betonen sind die den Nürnberger Gesetzen in vielem vergleichbaren italienischen Rassengesetze, deren Kerndekret »Maßnahmen zur Verteidigung der italienischen Rasse« am 17. November 1938 in Kraft trat. Dieses untersagte etwa Eheschließungen eines »arischen« Italieners mit einer Person einer »anderen Rasse« bzw. hob derartige Ehen auf. Zudem wurde massiv in die Besitz- und Vermögensrechte der Juden eingegriffen. Es folgten am 15. Juni 1940 die Internierung ausländischer Juden und ab Mai 1942 die landesweit verordnete Heranziehung aller Juden zwischen 18 und 55 Jahren zur Zwangsarbeit. Dieser Befehl wurde allerdings vor Ort nur teilweise umgesetzt. Zudem gingen die italienischen Besatzer in Frankreich, Kroatien und Griechenland weniger hart gegen die dortigen Juden vor. Von einem generellen Schutz der jüdischen Bevölkerung kann jedoch nicht gesprochen werden. Der faschistische Antisemitismus war allerdings anderen Zielen nachgeordnet. Deportationen begannen erst, nachdem Italien in zwei Teile zerfallen war: die unter dem Schutz der Alliierten stehende Militärregierung von Marschall Pietro Badoglio im Süden (»Regno del Sud«) und die seit 23. September 1943 existierende »Repubblica Sociale Italiana« (RSI), die in Abhängigkeit von Deutschland stand. Der Einmarsch deutscher Truppen und die Zeit der deutschen Besatzung Italiens führten zu einer Radikalisierung der Judenverfolgung. Mitte September 1943 verhaftete die

1. SS-Panzer-Division Leibstandarte-SS Adolf Hitler im Rahmen des Massakers vom Lago Maggiore jüdische Familien, erschoss sie und versenkte die Leichen anschließend im See. Mit Unterstützung italienischer Behörden begann dann im Oktober 1943 in der RSI unter Führung des Befehlshabers der Sicherheitspolizei und des SD, Wilhelm Harster, der Verfolgungsapparat mit seiner Arbeit. Eine mobile Einheit, die von Theodor Dannecker geleitet wurde, führte Razzien durch. Bis Ende des Jahres 1943 wurden so 3000, bis Ende des Jahres 1944 nochmals mehrere tausend Juden festgenommen und deportiert. Gleichwohl muss gesagt werden, dass sich mehrere lokale faschistische Einzelpersönlichkeiten und Gruppen eigenmächtig dem deutschen Druck zur Auslieferung verhafteter Juden widersetzten. Die Gesamtzahl der aus der RSI deportierten Juden, von denen mehr als 90 % nicht überlebten, ist in der jüngeren Forschung auf ca. 8500 erhöht worden. Nimmt man die im September 1943 noch in ganz Italien lebenden ca. 33 500 Juden als Basis, so lässt sich feststellen, dass ca. 75 % den Deportationen entgehen konnten. Dies geschah etwa durch Flucht über die Schweizer Grenze, aber auch durch die Solidarität mancher Italiener. Nachdem Marschall Badoglio am 8. September 1943 den Kriegsaustritt Italiens erklärt hatte und Hitler daraufhin Italien besetzen ließ, fiel freilich auch der relative Schutz weg, den Italien in seinen besetzten Gebieten über die Juden ausgeübt hatte. Dieses Verhalten der italienischen Verbündeten war besonders Himmler schon länger ein Ärgernis gewesen. Die in den besetzten Gebieten lebenden Juden wurden nun ebenfalls deportiert.

Auch in *Ungarn* gab es eine spezifische, nationale Tradition des Antisemitismus. Das Regime unter Reichsverweser Miklós Horthy hatte zwischen 1938 und 1941 drei antijüdische Gesetze erlassen, die den Nürnberger Gesetzen gleichkamen. Hieran lässt sich nicht nur eine Annäherung an das nationalsozialistische Deutschland erkennen, sondern auch eine Reaktion auf die an Boden gewinnende faschistische Pfeilkreuzlerpartei von Ferenc Szálasi. Zudem wurden Juden zum Arbeitsdienst herangezogen. Im Sommer 1941 ließ die ungarische Regierung rund 17 000 Juden aus den zwischen 1938 und 1940 gewonnenen Gebieten verhaften und schob sie in die besetzten Gebiete der Sowjetunion ab. Dort wurden die meisten von ihnen im Massaker von Kamenec-Podol'skij ermordet. Auch im von Ungarn besetzten Teil Jugoslawiens wurden Juden Opfer von Massakern der ungarischen Armee. Dennoch lebten zumindest die Juden ungarischer Staatsangehörigkeit dort bis kurz vor Ende des Zweiten Weltkrieges – zumindest physisch – relativ sicher. Und dies, obwohl Ungarn am 20. November 1940 dem Dreimächtepakt beigetreten war, um als Profiteur der NS-Außen- und Kriegspolitik seine Gebietsgewinne abzusichern. Bezeichnend für die Situation der ungarischen Juden in der Endphase des Zweiten Weltkriegs ist das Gespräch, welches zwischen Hitler und Horthy am 17. April 1943 in der Nähe von Salzburg geführt wurde. Dabei machte Hitler Horthy Vorwürfe wegen des aus seiner Sicht zu laschen Vorgehens gegen die ungarischen Juden und der ungarischen Weigerung, diese auszuliefern. Horthy entgegnete, er habe den Juden nun schon so ziemlich alle Lebensmöglichkeiten genommen, erschlagen könne er sie doch nicht. Daraufhin intervenierte der deutsche Außenminister Ribbentrop und machte unmissverständlich klar, dass die ungarischen Juden entweder vernichtet oder in Konzentrationslager gebracht werden müssten. Im Grunde genommen wurde genau dies umgesetzt, als die ungarische Regierung etwa ein Jahr später Friedensverhandlungen mit den Alliierten aufnehmen wollte, die deutsche Seite dem aber zuvorkam und Ungarn am 19. März 1944 besetzte. Zu dieser Zeit befanden sich in Ungarn etwa 800 000 Juden infolge der ungarischen Annexion von Gebieten der Slowakei, Rumäniens und Jugoslawiens. Im unmittelbaren Anschluss an die Besetzung Ungarns begannen SS-Einheiten und die Gestapo mit Unterstützung der Pfeilkreuzler mit der Umsetzung einer beispiellosen Massendeportation nach Auschwitz, die in der Zeit vom 15. Mai bis 9. Juli 1944 ca. 430 000 Juden erfasste. Etwa 10 % der Ankommenden wurden in Auschwitz als arbeitsfähig selektiert und in Außen- und Nebenlager geschickt, die anderen wurden in den Gaskammern ermordet. Am 16. Oktober 1944 wurde der Faschist Ferenc Szálasi als Regierungschef eingesetzt. Danach wurden in Budapest bis in den Januar 1945 hinein zahlreiche Aktionen gegen Juden durchgeführt. Tausende Juden wurden ermordet, Zehntausende in Todesmärschen in Richtung österreichische Grenze getrieben. Insgesamt wurden etwa 565 000 ungarische Juden umgebracht. Durch Interventionsversuche verschiedener internationaler Organisationen wie etwa des Roten Kreuzes und zionistischer Verbände gelang es den etwa 120 000 Juden, die in die zwei Pester Ghettos gebracht worden waren, das Kriegsende zu überleben. Zudem überlebten einige zehntausend Juden in Budapest durch das Untertauchen mit gefälschten Papieren oder durch die Unterbringung in Gebäuden, die unter diplomatischer Immunität standen.

Die Frage, ob die Juden in *Nordafrika* in die »Endlösung« einbezogen worden wären, wenn die deutsche Besatzung dort länger gedauert hätte, ist zunächst spekulativ. Sie kann nicht endgültig geklärt werden. Dennoch entbehrt sie nicht einer gewissen Berechtigung, denn sie verdeutlicht abschließend nochmals die Verschränkung von räumlicher und zeitlicher Dimension des Holocaust. Schließlich ist mit Recht zu fragen, wie sich die Zahl von 700 000 Juden für das unbesetzte Frankreich in Abschnitt A des Wannsee-Protokolls erklärt (Quelle 8). Unter Historikern besteht keine völlige Einigkeit darüber, ob in dieser Zahl die Juden in den französischen Kolonien

Nordafrikas enthalten sind oder nicht. Insgesamt bleiben die Argumente für eine explizite Einbeziehung eher dürftig. Dagegen spricht, dass im gesamten Protokoll von der »Endlösung der europäischen Judenfrage« die Rede ist und bei mehrdeutigen Sachverhalten stets hinsichtlich Europas präzisiert wurde, wenn es etwa heißt »Türkei (europäischer Teil)«. Es tauchen keine dezidierten Angaben zu den außerhalb Europas gelegenen Gebieten auf. Diejenigen Gebiete, die nicht eindeutig einem bestimmten Land zuzuordnen waren, wurden genau aufgeschlüsselt. Dennoch ist die angegebene Zahl für das Vichy-Frankreich in ihrer unrealistischen Höhe unklar und damit erklärungsbedürftig. Letztlich kann festgehalten werden – und dies führt wiederum zu grundsätzlichen Aspekten zurück –, dass die Planungen zur Vernichtung des europäischen Judentums nicht so strukturiert und wohlorganisiert verliefen, wie es den Anschein hatte bzw. haben sollte. Das Protokoll der Wannsee-Konferenz wird mehrheitlich so interpretiert, dass die dortige Zahl »700 000« nicht die nordafrikanischen Juden einschließt. Vielleicht handelt es sich dabei auch um einen Tippfehler, was zwar in einem so hochrangigen Dokument erstaunlich wäre, aber gar nicht so selten vorkam. Es ist jedenfalls recht wahrscheinlich und durch vereinzelte Hinweise zu belegen – wie etwa durch den Bericht Gebhardt von Walthers vom deutschen Konsulat in Tripolis vom 12. Mai 1942 –, dass das NS-Regime die in Europa entwickelte Praxis auch außerhalb von Europa hätte anwenden wollen, wenn es ihm möglich gewesen wäre.

Wird der Begriff Holocaust jedoch so definiert, wie es der Begriff Shoa in Israel meint, also die Einbeziehung der Entrechtung und Verfolgung der Juden seit 1933, dann wird verständlich, warum etwa die israelische Gedenkstätte Yad Vashem auch die Juden in Nordafrika und im Nahen Osten in die wissenschaftliche Dokumentationsarbeit und die Erinnerung an den Holocaust mit einbezieht. Denn mit der Errichtung des Vichy-Regimes unter Marschall Pétain trat eine Verschlechterung des rechtlichen Status der Juden Marokkos, Algeriens und Tunesiens ein, nachdem dort entsprechende Gesetze bzw. Bestimmungen umgesetzt wurden. Und auch in Libyen wurden die italienischen Rassegesetze von 1938 eingeführt. Tausende Juden wurden in Lager verschleppt, hauptsächlich in das Konzentrationslager Giado. Hunderte starben unter den dortigen Bedingungen. Juden im Besitz einer fremden Staatsbürgerschaft wurden aus Libyen in europäische Konzentrationslager deportiert.

6 Personen des Holocaust

Zeit und Raum sind wichtige Dimensionen, um den Holocaust zu beschreiben und Erklärungsansätze zu entwickeln. Die entscheidende und schwerwiegendste Dimension ist hingegen die personale. Der Holocaust wurde an Menschen von Menschen verübt. Erst die Ergänzung der beiden ersten Dimensionen um die handelnden und betroffenen Personen ergibt ein klareres Bild.

Die Opfer: Namen und Zahlen

Im Jahr 2004 veröffentlichte die israelische Holocaust-Gedenkstätte Yad Vashem eine zentrale Datenbank der Namen der Opfer des Holocaust. Die Aufgabe dieser Datenbank ist es, den Namen jedes einzelnen Juden und jeder einzelnen Jüdin, die in der Zeit des Nationalsozialismus ermordet wurden, sicherzustellen und deren Lebensgeschichte zu rekonstruieren. Anfang des Jahres 2014 betrug die Zahl der in der Datenbank erfassten Namen ca. 4,3 Millionen. Die Datenbank enthält zudem Namen von Personen, deren Schicksal nicht eindeutig rekonstruierbar ist, die aber mit großer Wahrscheinlichkeit den Holocaust nicht überlebt haben. Weitere Millionen von Namen, die in historischen Dokumenten erwähnt werden, sind noch nicht identifiziert und in der Datenbank erfasst worden. Viele weitere Namen bestehen nur noch im Gedächtnis von Überlebenden oder in deren Familienüberlieferung fort. Die Datenbank ist somit stets *work in progress*, zugleich aber auch mit der Tatsache konfrontiert, dass immer mehr Vertreter der Generation, die sich noch an die Ereignisse der Zeit von 1939 bis 1945 erinnern können, zwischenzeitlich verstorben sind.

Der Name der israelischen Gedenkstätte selbst ist dabei Programm. *Yad Vashem* bedeutet so viel wie ›Denkmal und Name‹. Beide Begriffe finden ihre Begründung im biblischen Buch Jesaja: »Ihnen allen errichte ich in meinem Haus und in meinen Mauern ein Denkmal, ich gebe ihnen einen Namen, der mehr wert ist als Söhne und Töchter: Einen ewigen Namen gebe ich ihnen, der niemals getilgt wird« (Jes. 56,5). Hier wird deutlich, dass es, auch und gerade nach jüdischem Verständnis, bei der Beschäftigung mit der Geschichte der Holocaust-Opfer nie nur um Zahlen geht. Im Zentrum steht die Person mit ihrem Namen und ihrer je eigenen Geschichte. In dieser Geschichte der Einzelperson kommt der Erinnerung an sie entscheidende Bedeutung zu. Diese Bedeutung wird deutlich in dem seit Richard von Weizsäckers Rede am 8. Mai 1985 oft zitierten Motto der Gedenkstätte Yad Vashem, das wiederum auf Isaac Luria (1534–1572) und Baal Schem Tow (1700–1760) zurückgeht: »Das Vergessenwollen verlängert das Exil, und das Geheimnis der Erlösung heißt Erinnerung.« Ganz ähnlich äußerte sich 1993 auch der Holocaust-Überlebende Elie Wiesel bei der Eröffnung des Holocaust-Museums in Washington, D. C. Das Vergessen der Opfer würde bedeuten, sie ein zweites

Mal zu töten. Daher sei ihr Name vor dem Vergessen zu bewahren.

Dem gleichen Zweck dient das vom Bundesarchiv für die jüdischen Opfer in Deutschland herausgegebene *Gedenkbuch – Opfer der Verfolgung der Juden unter der nationalsozialistischen Gewaltherrschaft 1933–1945*. Das Gedenkbuch enthält die Namen, persönlichen Daten und Schicksalswege von 159 972 Personen, die zwischen 1933 und 1945 im Deutschen Reich lebten und Opfer der nationalsozialistischen Judenverfolgung wurden. In seinem Geleitwort betont auch der ehemalige Bundespräsident Horst Köhler die Bedeutung des Namens für die jüdische Erinnerungskultur. Im Holocaust sollte nicht nur das Leben der Juden vernichtet, sondern auch ihr Name und die Erinnerung eliminiert werden. In den Konzentrations- und Vernichtungslagern wurden daher die Namen durch Nummern ersetzt. Diesem Bestreben der Täter des Holocaust soll das Gedenkbuch des Bundesarchivs entgegenwirken. Insofern sei das Buch – so Horst Köhler – ein Denkmal und eine Erinnerung zugleich, dass jedes einzelne Menschenleben einen Namen und eine einzigartige Geschichte habe (Gedenkbuch, Geleitwort): »Beim Propheten Jesaja macht Gott selbst deutlich, dass kein Name je verlorengeht: ›Fürchte dich nicht, ich habe dich erlöst. Ich habe dich bei deinem Namen gerufen, du bist mein.‹« (Jes. 41,10).

Ist es angesichts dieser Bedeutung des einzelnen Menschenlebens nicht fast schon zynisch, über Gesamtzahlen nachzudenken, deren Exaktheit für die Beurteilung des Holocaust belanglos zu sein scheint? Die Frage nach der Opferzahl des Holocaust kommt nun allerdings einer »Sonde« (Eberhard Jäckel) gleich, die geeignet ist, zum Kern des Geschehens vorzudringen und dieses zu konkretisieren. Die Zahl von sechs Millionen jüdischen Opfern wurde erstmals im Zuge der Nürnberger Prozesse genannt und basiert auf einer Angabe Adolf Eichmanns. Auch bei dem Versuch, die Opferzahl wissenschaftlich möglichst exakt zu erfassen, war wiederum die Öffnung der Archive in Osteuropa und der ehemaligen Sowjetunion seit 1990 von großer Bedeutung. Dies betrifft insbesondere die polnischen und sowjetischen Juden, die bis dahin kaum in ihrer Anzahl genauer bestimmt werden konnten. Verschiedene Studien haben gezeigt, dass sich die ungefähre Gesamtopferzahl zwischen mindestens 5,6 und maximal 6,3 Millionen bewegt. Die jüngste Forschung scheint sich auf eine Zahl von knapp unter sechs Millionen festlegen zu können. Eine exakte, absolute Gesamtzahl jedoch war und ist allerdings nirgendwo in den Quellen zu finden. Die Zahlen müssen mühsam ermittelt werden, sei es durch Schätzungen oder den statistischen Vergleich der Zeit vor und nach dem Holocaust.

Die Täter

Die geschichtswissenschaftliche Forschung hat sich erst recht spät, beginnend in den 1990er Jahren, gezielt und umfassend mit den Tätern des Holocaust beschäftigt. In diesem Interesse an den Tätern kann, ähnlich wie bei der Frage nach der Opferzahl, eine »Re-Konkretisierung des Holocaust« (Frank Bajohr) gesehen werden. »Re-Konkretisierung« meint dabei eine Reaktion auf den Umstand, dass der Völkermord an den Juden in der historischen Forschung bis in die 1980er Jahre vor allem gedeutet, aber hinsichtlich der Täter kaum präzise mit konkreten Zahlen und Daten untermauert worden war. Einen starken Impuls erhielt die Frage nach den Tätern und der Begründung ihres Tuns durch die Goldhagen-Kontroverse (Kontroversen, 3) aus dem Jahr 1996. Dabei ging es auch um die Frage, welche Rolle die antisemitische »Programmierung« der Täter spielte oder ob nicht doch Aspekte der Gruppenpsychologie und die konkrete Situation vor Ort entscheidend waren. Schließlich wurde durch diese Kontroverse die grundsätzliche Frage berührt, ob die Täter eine vom Rest der Gesellschaft klar abgrenzbare Gruppe darstellten. Oder waren alle Deutschen potentiell Täter? Der US-amerikanische Holocaust-Forscher Christopher Browning hat mit seinem Buchtitel *Ordinary Men* der bis dahin weitverbreiteten Ansicht widersprochen, dass es sich bei den Tätern nur um einen besonders gewaltbereiten und ideologisierten, zudem zahlenmäßig geringen Teil der damaligen deutschen Gesellschaft gehandelt habe. Diese Erkenntnis, aber auch der häufig verwendete Begriff der »Tätergesellschaft« verdeutlichen andererseits, wie schwierig es ist, »Täter« und »Gesellschaft« zu unterscheiden, will man diese beiden Begriffe nicht in eins setzen und behaupten, alle Deutschen seien Täter gewesen. Dadurch würde aber der Täterbegriff unsinnig.

Im Gegensatz zur Sicht der neueren Täterforschung steht die hochproblematische Handhabung des Täterbegriffs in den ersten Jahren nach dem Kriegsende. Von Seiten der deutschen Justiz wurden vornehmlich die Führungspersonen des NS-Staates, vorrangig Hitler, Himmler und Heydrich, als »Täter« definiert, was zur Konsequenz führte, dass manche Kommandeure von Einsatzkommandos lediglich als »Gehilfen« verstanden wurden. Hinsichtlich des Führers des Einsatzkommandos 8 der Einsatzgruppe B, Otto Bradfisch, der für die Erschießung von 15 000 Juden und sowjetischen Kriegsgefangenen verantwortlich war, konnte daher argumentiert werden, ihm habe entsprechender »Täterwille« gefehlt. Bradfisch wurde nur wegen Beihilfe zum Mord verurteilt. Eine differenzierte Wahrnehmung der Täter durch die Geschichtswissenschaft, aber auch in der Öffentlichkeit wurde so wesentlich erschwert und fand zunächst kaum statt.

Die neuere Täterforschung hat nun herausgearbeitet, dass

der Kreis der Täter enorm erweitert werden muss. Zu den Tätern und Tatbeteiligten des Holocaust werden zwischenzeitlich mindestens 150 000 deutsche Personen gezählt. Durch biographische Studien konnte zudem verdeutlicht werden, dass die These von der »Kriegsjugendgeneration« des Ersten Weltkrieges relativiert werden muss. Die besonders markanten Täter gehörten verschiedenen Generationen an und repräsentieren unterschiedliche soziale Gruppen der deutschen Gesellschaft. Auch werden nun ausländische Kollaborateure, vor allem Litauer, Letten und Ukrainer, in den Täterkreis einbezogen. Diese nahmen Pogrome und Massaker selbst vor oder wirkten in unterstützenden Kommandos unmittelbar an den Tötungen mit.

Was die deutschen Täter betrifft, so sind hierzu natürlich nicht nur die in den Vernichtungslagern zum Einsatz kommenden SS-Angehörigen zu zählen, sondern insbesondere die Einsatzgruppen der Sicherheitspolizei und des SD, die Polizeieinheiten, Brigaden der Waffen-SS und die Sicherungsgruppen der Wehrmacht. Zudem sollte immer berücksichtigt werden, dass die Täter grundsätzlich nicht isoliert, sondern integriert in arbeitsteilig operierenden Netzwerken handelten. Auch die durch die NS-Institutionen und die »weltanschauliche Erziehung« geformte Handlungspraxis muss betont werden. Die Erziehung und Schulung durch die NS-Institutionen prägte Feindbilder ein und stellte einen Deutungsrahmen für das eigene Tun bereit. Sie waren zwar wohl nicht tatauslösend, können aber als wichtige Bedingungen für die Bereitschaft zum Morden angesehen werden. Zudem konnte anhand der Täterprofile gezeigt werden, dass es keine spezifische soziale Gruppierung gegeben hat, die sich als immun gegenüber der prinzipiellen Bereitschaft zum Töten erwiesen hätte. All dies verdeutlicht, dass das ohnehin unscharfe Bild von Schreibtischtätern, welche gehorsam, gleichsam willen- und emotionslos ihre Befehle ausführten, entscheidend korrigiert werden muss. Die Täter waren meist sich ihres Tuns bewusste Personen mit verschiedenen Entscheidungs- und Handlungsmöglichkeiten. Wichtig ist zudem die Beachtung der eigenen Deutung der Tat vor Ort. Und so ergibt sich ein durchaus irritierender Befund: Auch den Tätern des Massenmordes vor Ort schien ihr Handeln in der konkreten Situation sinnhaft zu sein. Oft wurde der Massenmord sogar mit eigenem Engagement und spezifischen Vorschlägen betrieben. Zweifel oder gar Skrupel ergaben sich offenbar nur ganz vereinzelt. In den Einsatzgruppen waren »Profis« am Werk, die eine gezielte Ausbildung durchlaufen und oft an Terror und Gewalt bereits vor dem Holocaust aktiv mitgewirkt hatten. Mit dem Morden waren sie durchaus vertraut. Auch gruppendynamische Aspekte in der konkreten Mordsituation sind für das Verhalten der Täter zu beachten. Diese führten zu einer sich selbst verstärkenden Eigendynamik unter dem Motto der »Kameradschaft«. Wer sich innerhalb der militärischen bzw. paramilitärischen Verbände nicht an den befohlenen Exekutionen beteiligt hätte, wäre mit dem Vorwurf konfrontiert worden, seinen Kameraden die »Drecksarbeit« zu überlassen. Hinzu kam ein gewisser Gewöhnungseffekt sowie die Tatsache, dass es wesentlich leichter war, die Mordroutine aufrechtzuerhalten, anstatt sich das Verbrecherische des eigenen Tuns in dessen wahrer Dimension einzugestehen.

So wenig die beiden Größen »Täter« und »Gesellschaft« als quasi deckungsgleich bezeichnet werden können, so wenig können sie nach den Kriterien »aktiv und wissend« bzw. »passiv und unwissend« voneinander getrennt werden. Die Frage nach dem Wissen der Gesellschaft schließt sich daher an die Frage nach den Tätern an.

Die Gesellschaft: »Davon haben wir nichts gewusst«?

So wichtig und brisant die Frage nach Art und Umfang des Wissens der Deutschen um den Holocaust bis zum heutigen Tag ist, so schwer fällt allein schon die Klärung dessen, worum es bei dieser Frage eigentlich genau geht. Wenn etwa deutsche Soldaten im Osten von den Massenerschießungen von Juden erfuhren oder gar an diesen beteiligt waren, dann wussten sie freilich von diesen konkreten Verbrechen. Der Holocaust fand aber an verschiedenen Orten, zu unterschiedlichen Zeiten und mit unterschiedlichen Methoden statt und wurde – zumindest dem Anspruch nach – systematisch ausgeführt. Doch war dieses System gewissermaßen auch ›von unten‹ bzw. ›am Rande‹ erkennbar? Welche Informationen oder welche Wahrnehmung des Gesamtgeschehens hatte der einzelne Täter bei einer Massenerschießung oder in einem Vernichtungslager? Welche Informationen lagen der Zivilbevölkerung in der Heimat vor oder waren ihr prinzipiell zugänglich? Die Brisanz der Frage, was die Deutschen vom Holocaust wussten, wird aber auch durch deren moralische Dimension bestimmt. Schon früh lag der Verdacht nahe, dass es sich bei der Aussage »Davon haben wir nichts gewusst« um eine Schutzbehauptung handelt. Die obige Frage müsste in diesem Sinne eigentlich lauten: Was können wir heute möglichst präzise darüber aussagen, was die Deutschen damals vom Holocaust wussten?

Insgesamt lässt sich mit einem gewissen Quellenvorbehalt feststellen, dass grundlegende Informationen über die Massenmorde im Osten ab 1941 einer relativ breiten Öffentlichkeit verfügbar waren und zum Teil sogar diskutiert wurden. Auch der Umstand, dass die Deportationen der Juden vor Ort offensichtlich waren, legt nahe, dass in der Breite der deutschen Bevölkerung eher von einem »etwas wissen« als von einem behaupteten »nichts wissen« ausgegangen werden muss. Merkwürdig sind allerdings in diesem Kontext Aussagen von völlig unverdächtigen Zeitgenossen aus dem Widerstand. So betonte etwa Helmuth James Graf von Moltke, der Gründer des Kreisauer Kreises, noch 1943, mindestens neun Zehntel der deutschen Bevölkerung wüssten nicht, »dass wir Hunderttausende von Juden umgebracht haben«. Die Deutschen hätten »immer noch die Vorstellung, dass die Juden nur ausgegrenzt worden sind und nun im Osten in ähnlicher Weise wie vorher in Deutschland weiterlebten« (Moltke, 1975, S. 216). Demgegenüber sprach der württembergische Landesbischof Theophil Wurm in einem Brief vom 20. Dezember 1943, der an den Chef der Reichskanzlei gerichtet war, offen von der »Ausmerzung« der Juden. Er bekannte, »dass wir Christen diese Vernichtungspolitik gegen das Judentum als ein schweres und für das deutsche Volk verhängnisvolles Unrecht empfinden« (Bajohr/Pohl, 2006, S. 67). Wer hat nun recht? Wie erklärt sich dieser Widerspruch? Welche Rolle spielen fehlerhafte Erinnerung oder gar Verdrängung?

Vieles spricht dafür, dass all diese zentralen Fragen am Ende auf jene Antwort hindeuten, wonach es zwar richtig ist, »dass nur eine Handvoll Deutscher alles über die ›Endlösung‹ wusste, aber nur sehr wenige wussten gar nichts« (Laqueur, 1981, S. 26). Der Akzent verschiebt sich somit von dem »Nicht-wissen-Können« hin zum »Nicht-Wissen-Wollen« bzw. der Frage, wie mit den vorhandenen Informationen umgegangen wurde. Zwar gab es nachweislich auch Reaktionen des Mitgefühls und einer gewissen Betroffenheit. Die überwiegende Reaktion der Bevölkerung war aber von Indifferenz und Akzeptanz geprägt.

Doch wie ist dieses Wegschauen und Nicht-wissen-Wollen zu erklären? Der Verlust von eindeutigen ethisch-moralischen Bewertungsmaßstäben, die Gewöhnung an und Verführung zu Unrecht im Denken und Handeln kann als Folge der fortschreitenden Erosion aller Werte, wie sie seit 1933 an der

Tagesordnung war, gedeutet werden. Der Historiker Ulrich Herbert hat jüngst in seiner Darstellung der Geschichte des 20. Jahrhunderts sehr plausibel von einer Gewöhnung an die Ausgrenzung der Juden und die schrittweise Eskalation des antijüdischen Terrors gesprochen. Für die Zeit ab 1939 sind dann aber auch die Lebensbedingungen einer Gesellschaft zu bedenken, in welcher der Ausnahmezustand des Krieges als »Normalität«, ja geradezu als »Lebenselixier« propagiert wurde. Dieses Sich-Einrichten in einer »Binnennormalität« des Krieges, der Wunsch, wegzuschauen und in Ruhe gelassen zu werden, sollte als Erklärung für die beschriebenen Phänomene nicht unterschätzt werden. Und dies dürfte nicht nur für die Deutschen, sondern auch für die Zivilbevölkerung in den besetzten Gebieten gelten. Moderne Gesellschaften scheinen im Krieg dazu zu tendieren, »ihre Normen in die Normalität der Gewalt einzufügen. Orientierung an einem untrüglichen moralischen Kompass« steht den meisten nicht zur Verfügung (Müller, 2014, S. 15).

II Kontroversen

Wie bei kaum einem anderen Thema der Geschichtswissenschaft haben Kontroversen, die sich am Holocaust entzünden, Konsequenzen weit über den Wissenschaftsbetrieb hinaus. Verwischung der Konturen der Täter, Ausblendung des Leids der Opfer, Relativierung der Verantwortung für die Verbrechen – dies sind nur einige der schwerwiegenden Vorwürfe, die – zu Recht oder zu Unrecht – in den Auseinandersetzungen erhoben wurden. Oft sind es diese politischen und moralischen Aspekte, durch welche die mehr oder weniger fachlichen Diskussionen nicht nur verschärft, sondern überhaupt erst zu Kontroversen über den Holocaust werden.

1 Der Holocaust – die planvolle Umsetzung eines »Führerbefehls«?

In dieser Fragestellung, welche die Geschichtswissenschaft über Jahrzehnte hinweg in hochkomplexen Debatten beschäftigt hat, sind zwei ganz grundlegende Probleme verknüpft. Zum einen geht es um die prinzipielle Frage der Gesamtcharakterisierung des Holocaust als Plan oder als Entwicklung. Ist der Völkermord an den Juden eher als konsequente Umsetzung eines womöglich lange zuvor gefassten, detaillierten Plans zu verstehen, oder entwickelte sich der Holocaust in seiner Radikalität vor allem in der Situation vor Ort? Ebenso weitreichende Konsequenzen hat die zweite damit in Zusammenhang stehende Frage: Welche Bedeutung kommt der Person und dem Willen Adolf Hitlers bei der Erklärung des Holocaust zu? Diese zweite Frage zielt im Kern auf den Nachweis oder zumindest die Datierung des »Führerbefehls«, also einer unmissverständlichen Anweisung Hitlers zur Vernichtung der Juden.

Im Grundsatz bewegte sich die Diskussion um die Durchführung der »Endlösung der Judenfrage« zwischen der Betonung der Zielgerichtetheit des Vernichtungshandelns und dessen fast schon improvisatorischem Charakter. So wurde im Blick auf die Rolle Hitlers immer wieder davon gesprochen, dass die Umsetzung der Judenvernichtung keineswegs auf Hitler allein zurückzuführen, sondern vielmehr mit der komplexen Struktur der Entscheidungsprozesse im NS-Staat zu erklären sei. Bereits recht früh, in den 1970er Jahren, kamen daher in der deutschen Geschichtswissenschaft Zweifel auf, ob die Fokussierung auf Hitler bei der Entscheidung für die Ingangsetzung der »Endlösung« der historischen Realität entspreche. Eine weitreichende Kontroverse zwischen den »Programmologen« bzw. »Intentionalisten« auf der einen Seite und den »Strukturalisten« bzw. »Funktionalisten« auf der anderen Seite war die Folge. Diese wiederum war auf das Grundsatzproblem der Wirkmächtigkeit von Personen (»Programmologen« bzw. »Intentionalisten«) oder Strukturen in der Geschichte (»Strukturalisten« bzw. »Funktionalisten«) zurückzuführen. Die Betonung von Hitlers fanatischer Weltanschauung, seines Willens und seines Befehls für den Holocaust, also seiner Intention, wie sie die »Intentionalisten« vertraten, sei irreführend, so betonten die »Strukturalisten« unter den NS-Historikern (z. B. Martin Broszat und Hans Mommsen). Diese versuchten zu zeigen, dass an den Entscheidungsprozessen der Judenvernichtung zahlreiche Institutionen beteiligt gewesen waren. Überhaupt sei nicht von einem schriftlich fixierten »Führerbefehl« auszugehen. Die Vernichtung der Juden könne nicht »durch einen einmaligen Akt der Entscheidung« erklärt werden. Vielmehr sei von einem Prozess in den Jahren 1941/42 auszugehen, der »stück- und schubweise in Gang gesetzt« worden sei – so Martin Broszat (Broszat, 1977, S. 747). Damit hatte Broszat bereits 1977 durch seinen scharfsinnigen, gerade einmal 36-seitigen Aufsatz *Hitler und die Genesis der »Endlösung«* eine Diskussion in Gang gesetzt, die bis heute nicht beendet ist. Hitlers Antisemitismus wurde in dieser Richtung der NS-Forschung eher mit seiner sprunghaft auftretenden, insgesamt krankhaften Aggressivität erklärt. Die Aspekte der Entwicklung und Radikalisierung des Holocaust wurden als zentral betont. Hans Mommsen konnte geradezu von »perfekter Improvisation« und dem »Zwielicht unklarer Befehlsgebung und ideologischer Fanatisierung« sprechen, in welchem die »utopische Zielsetzung der Ausrottung des Judentums zu einem real in Angriff genommenen Gegenwartsproblem« mit ganz eigener Dynamik werde konnte (Mommsen, 1983, S. 383 und 385). Der Holocaust sei demnach keineswegs als konsequente Umsetzung eines Programms zu verstehen, welches gewissermaßen schon lange vorbereitet in der Schublade lag.

Natürlich dürfe das weltanschauliche Dogma und die prinzipielle Bereitschaft zur Vernichtung von Leben innerhalb der nationalsozialistischen Ideologie nicht unterschätzt werden. Dennoch sei die Judenvernichtung nicht nur aus »vorgegebenem Vernichtungswillen«, sondern auch als »›Ausweg‹ aus einer Sackgasse« zu verstehen, in die man sich selbst manövriert habe (Broszat, 1977, S. 755). Damit wurde der Holocaust in einen Zusammenhang mit drei Faktoren gerückt: dem stagnierenden Vormarsch der Wehrmacht in der Sowjetunion, der sich zuspitzenden Situation in den besetzten Gebieten, welche dort durch die eintreffenden Deportationstransporte geschaffen wurde, und mit den relativ selbständigen Initiativen örtlicher Stellen. Die zuständigen Behörden bis hin zur NS-Führung seien nun aber gewissermaßen unter einen Entscheidungs- und Handlungsdruck geraten. Planlos sei das Agieren deshalb aber auch nicht gewesen. Vielmehr hätte die einmal begonnene und institutionalisierte Vernichtungspraxis faktisch zu einem umfassenden »Programm« geführt. Zudem dürfe keineswegs an Hitlers Verantwortung gezweifelt werden, auch wenn die Verantwortung und Initiative für den Massenmord nicht nur bei Hitler, Himmler und Heydrich gelegen hätten. Hitler sei im Blick auf die Judenvernichtung somit weniger als »acting leader«, sondern vielmehr als unentbehrliche Legitimationsinstanz anzusehen.

Dieser situativ oder eben »strukturalistisch« argumentierenden Interpretation des Holocaust ist widersprochen worden. Die etwa vom US-amerikanischen Holocaust-Historiker Christopher Browning vorgebrachte Gegenthese lief darauf hinaus, genau umgekehrt für die Entschlussbildung Hitlers die Parallelität von militärischen Erfolgen und rassischer Radikalisierung zu betonen. Hitler habe sich entsprechend seiner Siegeseuphorie im Krieg gegen die Sowjetunion zunächst im Sommer 1941 grundsätzlich zur Vernichtung der europäischen Juden entschlossen. Diese Entscheidung sei dann im Oktober oder November 1941 nach einer Phase der Erprobung mit Hilfe der im Aufbau befindlichen Vernichtungslager umgesetzt worden.

Doch die Kritik an der »strukturalistischen« Position ging noch weiter. Bei aller Beachtung der – nicht grundsätzlich bestrittenen – Bedeutung der konkreten Situation vor Ort und der aus ihr heraus zu erklärenden Radikalisierung dürfe nicht in Abrede gestellt werden, dass Hitlers Rassen- und Vernichtungswahn hinsichtlich der Juden von zentraler Bedeutung für den Holocaust gewesen sei. Ursache – Hitlers von Anfang an vorliegende Rassenideologie – und Wirkung – die nationalsozialistische »Judenpolitik« – sollten klar unterschieden und nicht verwechselt werden. Denn ohne Hitlers Rassenideologie hätte auch die »Improvisation« bzw. die konkrete Situation vor Ort keinen Orientierungsrahmen gehabt. Die Faktoren »Situation« und »Improvisation« hätten zwar sicherlich beschleunigend auf die angestrebte totale Vernichtung gewirkt und so Hitlers Rassenideologie erfüllt, diese aber nicht geschaffen.

Nach dieser Diskussion wird deutlich, dass es bei der scheinbar sehr speziellen Frage nach der zeitlichen Bestimmung der Entschlussfassung Hitlers und eines gegebenenfalls auch nur mündlich erteilten »Führerbefehls« um mehr geht als nur um Datierungsfragen für Spezialisten. Hitlers Entscheidung und Befehl wurde naheliegenderweise mit dem Überfall auf die Sowjetunion in Zusammenhang gebracht. Die Hinweise auf eine gefallene Entscheidung verdichten sich im Frühjahr bzw. Sommer 1941. Aber auch spätere Daten wurden vorgeschlagen. Ganz konkret ist etwa von Christian Gerlach der 12. Dezember 1941 für die Bekanntgabe einer Grundsatzentscheidung Hitlers herausgearbeitet worden. An diesem Tag hielt Hitler eine Rede vor den Reichs- und Gauleitern der NSDAP in Berlin. Für seine Deutung beruft sich Gerlach u. a. auf Goebbels' Tagebucheintrag vom 13. Dezember (Quelle 6) und Heinrich Himmlers kurze Notiz in seinem Dienstkalender vom 18. Dezember 1941 (Quelle 7). Nach dem Kriegseintritt der USA am 8. Dezember und nach Hitlers Kriegserklärung vom 11. Dezember 1941 sei der Krieg für Deutschland überhaupt erst zum Weltkrieg geworden. Hitler hätte nun keine Rücksicht mehr auf sein »Faustpfand«, die westeuropäischen Juden, nehmen müssen, um die USA aus dem Krieg herauszuhalten. Gewissermaßen habe sich damit die Prophezeiung Hitlers in seiner Rede vom 30. Januar 1939 (Quelle 1) erfüllt. Seine Grundsatzentscheidung zur umgehenden Vernichtung aller Juden sei daher Anfang Dezember 1941 gefallen.

All diese mehr oder weniger stichhaltigen Überlegungen weisen allerdings auf ein nicht zu unterschätzendes Quellenproblem hin. Maximale Interpretationen stützen sich mitunter auf eine minimale Quellenbasis. Die maßgebliche Quelle für die exakte Datierung einer so folgenschweren Entscheidung fehlt allerdings: ein schriftlicher »Führerbefehl«. Aber selbst wenn davon ausgegangen wird, dass ein solcher Befehl nur mündlich erteilt wurde, lässt sich der Nachweis, wann dies geschehen sein könnte, immer nur indirekt und mit einem gewissen Grad an Wahrscheinlichkeit erbringen. Im Extremfall unterscheiden sich die vorgebrachten Datierungsvorschläge um mehr als zwei Jahre. Jedenfalls nahm der Vernichtungskrieg ab September/Oktober 1941 solche Ausmaße an, dass meist ab dieser Zeit von der vollzogenen Entschlussbildung zur »physischen Endlösung« gesprochen wird.

Versucht man, eine Bilanz zu ziehen, so dürfte unstrittig sein, dass der Holocaust ohne Hitler undenkbar ist. Gleichwohl ist auch der Prozesscharakter des Holocaust zu betonen. Die Entscheidung zur systematischen Ermordung der europäischen Juden hat Hitler getroffen, auch wenn ein schriftlicher Befehl hierzu bis heute nicht gefunden wurde und wahrscheinlich auch nicht gefunden werden kann, weil ein solcher nach Sicht der Mehrzahl der Holocaust-Forscher als unwahrscheinlich gilt. Hitler war die letzte Instanz im NS-Staat – auch und gerade bei der Frage der Vernichtung der Juden. Nimmt man beide Aspekte zusammen, dürfte es die sehr differenzierte Formulierung des britischen Hitler-Biographen Ian Kershaw vorläufig auf den Punkt bringen: »Hitlers Rolle war entscheidend und unverzichtbar auf dem Weg der ›Endlösung‹« (Kershaw, 2000, S. 656).

2 Der Holocaust – ein sozialplanerisches Großunternehmen und ein »Massenraubmord«?

In ihrem Buch mit dem bezeichnenden Titel *Vordenker der Vernichtung* vertraten die beiden Historiker Götz Aly und Susanne Heim 1991 eine These, welche die wissenschaftliche Debatte um den Holocaust in neue Bahnen lenken sollte. Ihr zufolge gebe es bei aller Irrationalität des Holocaust eine ganz rationale Erklärung für den Massenmord an den Juden. Diese bestehe in der »Ökonomie der Endlösung«. Beide beriefen sich auf wissenschaftliche Ausarbeitungen aus der NS-Zeit, die verdeutlichen, dass die nationalsozialistische Rassen- und Bevölkerungspolitik sich nicht nur auf Partei- und SS-Institutionen erstreckte, sondern auch die Verwaltung, Wirtschaft und Industrie erfasst hatte. In diesen Quellen wurde der Entwicklungsrückstand der osteuropäischen Staaten auf die zu hohe Bevölkerungszahl zurückgeführt, die reduziert werden müsse, um – unter deutscher Führung – eine Verbesserung der wirtschaftlichen und sozialen Lage dieser Länder zu bewirken. Genau hierin liege der eigentliche Antrieb für den Holocaust. Damit war nun ein unmittelbarer Zusammenhang zwischen weitreichenden bevölkerungs- und wirtschaftspolitischen Planungen und dem Massenmord an den Juden herausgearbeitet worden. Provokativ mündete diese These in der Mutmaßung, dass die Vernichtung der Juden ein vorgezogener Teil noch größerer Vernichtungspläne gewesen sei.

Die Kritik von Seiten der Fachkollegen blieb nicht aus. Sie richtete sich vor allem gegen die Unterschätzung des Antisemitismus bzw. dessen Unterordnung unter ökonomische Nutzenerwägungen, ja geradezu gegen die Verwechslung von Ursache und Wirkung. Es sei schwer vorstellbar, dass der nationalsozialistische Antisemitismus »nur« genutzt wurde, um bevölkerungspolitische Ziele durchzusetzen. Vielmehr sei es doch gerade umgekehrt: die ideologisch motivierte Entrechtung und Vernichtung der Juden sei die Ursache, welche durch eher sekundäre wirtschaftliche Motive allenfalls rationalisiert worden sei. Wenig später veränderte Aly seine provokative These. Voraussetzung für den Holocaust waren nun nicht mehr die wirtschafts- und bevölkerungspolitischen Konzepte für Osteuropa, sondern vielmehr das Scheitern der deutschen Pläne im Osten, die weitreichende Umsiedlungs- und Deportationspläne in Gang gesetzt hätten. Im Zentrum dieser Pläne hätten die Juden gestanden. Das Scheitern dieser Pläne hätte, nach zahlreichen Zwischenlösungen, die eigentliche Vernichtung der Juden in Gang gesetzt.

Sicherlich würde es eine unzulässige Vereinseitigung darstellen, aus der angeblichen Notwendigkeit, Raum für Deutsche zu schaffen, der Lebensmittelknappheit oder der Seuchenverbreitung im Osten mehr oder weniger direkt zwingende Gründe für den Holocaust abzuleiten. Dieser wäre ohne die Ideologie des Antisemitismus undenkbar. Jedoch fand diese Ideologie ihren markanten Ausdruck in spezifischen Recht-Fertigungsstrategien. Die Entrechtung, Vertreibung und Vernichtung der Juden wurde auf eine solche Weise mit wirtschaftspolitischen, sozialpolitischen oder »raumplanerischen« Argumenten begründet, dass die »Notwendigkeit« derartiger Maßnahmen plausibel schien und mit Zustimmung rechnen konnte. Die Sichtweise jedoch, die situative, prozesshafte Radikalisierung der Judenpolitik anhand von scheiternden Umsiedlungs- und Deportationsplänen zu erklären oder diese Erklärung zumindest in die Holocaust-Deutung einzubeziehen, dürfte heute nicht mehr grundlegend bestritten werden.

Eine neuerliche Provokation stellte das 2005 erschienene Buch Götz Alys mit dem pointierten Titel *Hitlers Volksstaat. Raub, Rassenkrieg und nationaler Sozialismus* dar. Für Aly bleibt der Holocaust unverständlich, wenn er nicht als »konsequentester Massenraubmord der modernen Geschichte« analysiert wird (Aly, 2005, S. 318). Schließlich müssten die materiellen Vorteile für nahezu alle Deutschen gesehen werden, welche die als »Gefälligkeitsdiktatur« bezeichnete Herrschaft des Nationalsozialismus der deutschen Bevölkerung gebracht habe. Für die Finanzierung von sozialpolitischen Gefälligkeiten wie z. B. dem Kindergeld oder den Ehestandsdarlehen und dem so erhofften Effekt, die Zustimmung zur Politik Hitlers zu sichern, sei die radikale Ausplünderung der eroberten Gebiete in Europa nötig gewesen. Pointiert schließt der Autor sein Buch mit dem Satz: »Wer von den Vorteilen für die Millionen einfacher Deutscher nicht sprechen will, der sollte vom Nationalsozialismus und vom Holocaust schweigen« (Aly, 2005, S. 362). Aly geht es damit offenbar nicht um die neuerliche Betonung des längst bekannten Profits, den Privatpersonen aus dem Holocaust schlugen. Es sei vielmehr der NS-Staat als solcher gewesen, der als Profiteur des Holocaust wahrgenommen werden müsse. Aly sieht hierin das Prinzip Staatsraub begründet. Für ihn war somit letztlich das Interesse des NS-Staates am jüdischen Kapital und Besitz eine entscheidende Triebkraft für den Holocaust. Auf dem Weg der internationalen Geldwäsche hätte »arisiertes« jüdisches Vermögen eingesetzt werden können, um durch eine Politik der Wohltaten die Zustimmung der deutschen Bevölkerung zu erkaufen. Das Ergebnis seien »Hitlers zufriedene Räuber« (Volker Ullrich) gewesen. Zur Stützung seiner These hat Aly eine Fülle von Details herausgearbeitet, die vorher nicht – oder zumindest so nicht – gesehen wurden.

Wieder stellt sich hier die Frage nach dem Verhältnis von materiellen Interessen und ideologischen Faktoren. Kann das System der »Gefälligkeitsdiktatur« den Holocaust besser erklären als etwa der »Erlösungsantisemitismus« (s. o. S. 25) und die Brutalisierung im Zweiten Weltkrieg? Auch hier zeigt sich, dass monokausale Erklärungsansätze zunächst zwar erhellend sein können, um bisher wenig beachtete Zusammenhänge herauszustellen. Notwendig ist es dann aber wiederum, diese Erklärungsansätze in einen multikausalen Interpretationszusammenhang zu stellen und zu gewichten. Interessant ist zudem, dass Aly mit seiner Betonung, fast alle Deutschen hätten direkt oder indirekt von diesem Massenraubmord profitiert, erneut eine Diskussion um die »Kollektivschuld« hervorrief. Diese meint im engeren Sinn die Schuld aller Deutschen *am*

Holocaust, stellt aber auch die Frage nach dem grundsätzlichen Verhältnis der Deutschen *zum* Holocaust. Darüber war allerdings in Deutschland schon seit Mitte der 80er Jahre in unterschiedlichen Facetten heftig gestritten worden – wie sich anhand des »Historikerstreits«, des Buches von Daniel Goldhagen und der »Wehrmachtsausstellung« zeigen lässt.

3 Der Holocaust und die Deutschen

Am Anfang stand eine Behauptung zur Ursache des Holocaust. Auch die Singularität des nationalsozialistischen Völkermordes an den Juden wurde diskutiert. Schon bald zeigte sich aber, dass es eigentlich um etwas ganz anderes ging, nämlich darum, welchen Stellenwert die gegenwärtige Erinnerung an den Holocaust im Selbstverständnis der Deutschen hat oder haben sollte. Gemeint ist eine hochgradig polemische Debatte, der sogenannte »Historikerstreit«. Auch wenn dieser keine aktuelle Kontroverse der Geschichtswissenschaft ist und zudem überhaupt bezweifelt werden kann, dass er einen wissenschaftlichen Ertrag hatte, so kann eine Darstellung von Kontroversen zur Deutung des Holocaust nicht ohne die zumindest knappe Skizzierung dieser Debatte auskommen. Denn vieles, was heute zum Holocaust gesagt und geschrieben wird, bliebe unverständlich ohne das Wissen um die Inhalte dieser Auseinandersetzung. Der »Historikerstreit« ist der direkte oder indirekte Bezugspunkt, auf den sich viele der jüngeren Diskussionen beziehen.

Als »Historikerstreit« wird die heftige, in einer breiten Öffentlichkeit ausgetragene Debatte bezeichnet, die sich 1986 im Zuge eines Artikels des Sozialphilosophen Jürgen Habermas in der Hamburger Wochenzeitung *DIE ZEIT* an der Frage nach der historischen Bewertung des Holocaust entzündete und die über mehrere Monate hinweg eskalierte. In seinem Artikel kritisierte Jürgen Habermas mehrere deutsche Historiker. Seine Ausführungen richteten sich jedoch insbesondere gegen den Berliner Historiker Ernst Nolte, der das Verbrechen des Holocaust mit einer Reihe rhetorischer Fragen als Reaktion auf vorhergehende Verbrechen in der Sowjetunion gedeutet hatte. Habermas warf nun Nolte und anderen Historikern ein revisionistisches Geschichtsbild vor. Diese hätten also den Versuch unternommen, den Holocaust auf inakzeptable Weise umzudeuten und so zu verharmlosen.

Bei aller Aufladung durch persönliche Angriffe auf beiden Seiten zeigen sich im Kern der Debatte zwei grundlegende Probleme. Zum einen ging es darum, ob und inwiefern der Holocaust zu »historisieren«, also nüchtern wissenschaftlich zu beschreiben sei, oder ob ein solches Vorgehen nicht einer moralischen Relativierung gleichkomme. Vor allem aber trat in den Debatten der eigentliche Streitgegenstand hervor: die Bedeutung des Holocaust für die historische Identität der damaligen Bundesrepublik Deutschland. In rein sachlicher Hinsicht ist die konkrete Ausgangsfrage des »Historikerstreits« heute recht knapp und eindeutig zu beantworten. Noltes Behauptung vom ursächlichen Zusammenhang von stalinistischem Terror und nationalsozialistischem Judenmord ist längst nüchtern widerlegt. Stand der Forschung ist heute, dass Hitler bei all seinem nicht zu bestreitenden radikalen Antibolschewismus vor allem radikaler Antisemit war. Die Juden standen im Zentrum seines Hasses. Der Holocaust war insofern auch keine Reaktion auf die Oktoberrevolution. Bolschewisten und Nationalsozialisten lernten vielmehr als Zeitgenossen und Gegner voneinander. In fataler Hinsicht kam es insbesondere dort zu einer Entgrenzung der Gewalt, wo sie, wie im Zweiten Weltkrieg, aufeinandertrafen.

Mehrere Jahrzehnte nach dem »Historikerstreit« hat nun eine neue Generation von Historikern erneut den Massenmord an den Juden im Kontext der stalinistischen Verbrechen betrachtet. Kritik an dieser Perspektive, wie sie besonders in Timothy Snyders Buch *Bloodlands* umgesetzt wird, wurde geübt, weil der Holocaust dadurch in seiner Bedeutung gemindert werde und etwa Auschwitz in Snyders Werk nicht mehr den zentralen Stellenwert einnehme. Positiv wurde jedoch hervorgehoben, derartige Studien leisteten einen Beitrag zu einem genaueren Verständnis der sehr komplexen Geschichte der Gewalt im 20. Jahrhundert. Ob die Geschichte der Gewalt im 20. Jahrhundert tatsächlich durch Vergleichen nicht gleich, sondern klarer wird, wäre allerdings zu fragen. Jedenfalls müsste bei der Behandlung des Holocaust innerhalb der Gewaltverflechtungen des 20. Jahrhunderts und der immer wieder herangezogenen Vergleichspunkte des stalinistischen Terrors oder der kolonialen Gewalt in Afrika, Asien und Lateinamerika der Tendenz widerstanden werden, diese als gleichzusetzende Geschichte darzustellen.

War der Holocaust der End- und Tiefpunkt einer über Jahrhunderte aufgebauten, typisch deutschen Eigenschaft, des »eliminatorischen Antisemitismus«, ja vielleicht sogar ein »nationales Projekt der Deutschen« (Herbert, 1998, S. 11)? Ein Aufschrei ging durch die Geschichtswissenschaft, als Daniel Goldhagen 1996 sein Buch mit dem Titel *Hitlers willige Vollstrecker. Ganz gewöhnliche Deutsche und der Holocaust* in Deutschland herausbrachte. Nahezu zeitgleich sorgte in den Jahren 1995 bis 1999 eine Ausstellung über die umfassende Verwicklung der Wehrmachtssoldaten in die Kriegs- und Menschheitsverbrechen im nationalsozialistischen Vernichtungskrieg nicht nur für heftige öffentliche Diskussionen, Proteste und Demonstrationen. Es kam auch zu Anschlägen und Anschlagsversuchen aus Neonazi-Kreisen. Waren damit nun auch alle Wehrmachtssoldaten als »Hitlers willige Vollstrecker« des Holocaust entlarvt worden? In gewisser Weise hatten die Goldhagen- und die Wehrmachtsdebatte somit den gleichen Kern: die Bewertung des Verhaltens breiter Bevölkerungskreise, der vielzitierten »ganz normalen Deutschen« im Holocaust.

Goldhagen ging es in seinem Beitrag um die Erklärung der »großen Bereitschaft der meisten gewöhnlichen Deutschen« (Goldhagen, 1996, S. 9), die Judenverfolgung in den 1930er Jahren zu akzeptieren, daran mitzuwirken und sich schließlich auch an der Ermordung der Juden zu beteiligen. Auch wenn die Antworten, die Goldhagen auf seine Fragen gegeben hat, kaum Zustimmung der Fachwissenschaftler gefunden haben – und dies nicht nur in Deutschland, sondern auch in den USA, Großbritannien und Israel –, scheinen die Fragen damals doch richtig gestellt worden zu sein. Goldhagen ging es vorrangig um die Frage nach den Tätern. Für ihn waren es »gewöhnliche Deutsche«, die aus Überzeugung mordeten – ohne dadurch einer »Kollektivschuld« aller Deutschen das Wort reden zu wollen. Das war aber auch zum damaligen Zeitpunkt keine neue Erkenntnis. Gerade die jüngere Holocaust-Forschung hatte klar herausstellen können, dass es keineswegs nur überzeugte NS-Ideologen, fanatische Antisemiten, Führungskader der NSDAP oder der SS waren, die den Massenmord verübten. An dieser Stelle wurde nun Goldhagen vorgeworfen, unzulässig zu verallgemeinern, wenn er von den konkreten Tätern auf die Deutschen insgesamt schloss. Kann und darf vom Individuum und der »Normalität der Mörder« auf das Kollektiv und die »Mordwilligkeit der Normalen« (Michael Schneider) geschlossen werden? Wohl kaum. Wissenschaftlich wurde Goldhagens Buch daher schnell als quellenmäßig äußerst schwach begründete Skandalisierung zurückgewiesen, die mit unzulässigen Verallgemeinerungen arbeite. Dies änderte jedoch nichts an der großen öffentlichen Resonanz, die Goldhagen in Deutschland und den USA erzielte.

Eine noch weitreichendere öffentliche Reaktion erzielte nun allerdings die »Wehrmachtsausstellung«. Dies war insofern erstaunlich, als eigentlich seit den späten 1960er Jahren in zahlreichen Detailstudien das Bild von der Wehrmacht als »sauberer Truppe« korrigiert und die Mitverantwortung der Wehrmacht, nicht nur der Führungsriege, an den nationalsozialistischen Verbrechen nachgewiesen worden war. Problematisch war aber in der Tat der ungenaue Umgang der »Wehrmachtsausstellung« mit Bildquellen, der wissenschaftlichen Standards nicht genügte und bisweilen zu falschen Zu- und Einordnungen der Fotos geführt hatte. Es wurde nachgewiesen, dass von 1433 Fotografien weniger als 20 nicht in eine Ausstellung über die Wehrmacht gehörten, da sie etwa Opfer der sowjetischen politischen Geheimpolizei NKWD oder Täter zeigten, die nicht der Wehrmacht angehörten. Kritikwürdig – so die zur Untersuchung der »Wehrmachtsausstellung« eingesetzte Expertenkommission – sei aber auch der überzogene Anspruch der Ausstellung, erstmals in der Öffentlichkeit die Legende von der »sauberen Wehrmacht« entlarven zu wollen. In diesem Sinne wurde auch ein gewisser, offenbar nicht bewusster Selbstwiderspruch der Ausstellung angesprochen. Diese wolle zwar einerseits nicht pauschal über eine ganze Generation ehemaliger Soldaten urteilen, zugleich könne aber andererseits durch das Arrangement der Bild- und Textdokumente genau dieser Eindruck entstehen. Dennoch kam die Expertenkommission trotz aller Kritikpunkte (sachliche Fehler, Ungenauigkeiten, manche pauschalen und suggestiven Aussagen) zu dem Ergebnis, dass die Grundaussagen der »Wehrmachtsausstellung« zu der teils aktiven, teils passiven Beteiligung der Wehrmacht an den Verbrechen im Krieg gegen die Sowjetunion zutreffend sind. Die Ausstellung veranschauliche daher im Wesentlichen das, was längst Stand der internationalen Forschung sei. Die Kommission empfahl, auch als

Reaktion auf die emotionale und politische Debatte, eine Überarbeitung der Ausstellung – was dann auch geschah und 2001 zu einer kaum mehr umstrittenen Neueröffnung führte.

Die hier dargestellten Kontroversen sind zum Teil längst Vergangenheit. Dennoch bleiben sie aktuell. Sie weisen grundsätzlich und exemplarisch auf die bis heute für Debatten sorgende moralische, mediale und politische Dimension hin, welche die Beschäftigung mit dem Holocaust – neben der geschichtswissenschaftlichen – immer auch hat. Diese Problematik verbindet die thematisierten Kontroversen aber auch mit der gegenwärtig in den neuen Medien im Entstehen begriffenen »Holocaust-Erinnerungskultur 2.0«. Denn im Kern geht es dabei um die gleichen und vermutlich bleibenden Fragen des Holocaust: Welche Bedeutung kommt dem Tun oder Unterlassen breiter Bevölkerungskreise zu? Wie ist das Verhalten »gewöhnlicher Deutscher« zu bewerten? Und: Wie ist der Holocaust, das brutalste Ermorden von Millionen Juden, innerhalb der deutschen Geschichte und Gesellschaft zu erklären und zu erinnern?

III Quellen

Die Texte folgen den angegebenen Druckvorlagen (D). Die hier verkürzt zitierten Titel sind in den Literaturhinweisen im Abschnitt »Quellen« (S. 162 f.) verzeichnet.

1
Hitler prophezeit in einer Reichstagsrede die Vernichtung der europäischen Juden, 30. Januar 1939

In seiner ersten großen Rede nach den Pogromen vom 9./10. November 1938 drohte Hitler mit der Vernichtung der europäischen Juden bei einem neuerlichen Weltkrieg. Hitlers Andeutung wird heute überwiegend so interpretiert, dass sich hier im Sinne einer Drohkulisse seine potentielle Bereitschaft zeigt, bis zum Letzten zu gehen und das Judentum zu vernichten. Darauf deutet auch Goebbels' spätere Bezugnahme hin (Quelle 6). Ein eindeutiger Beleg für einen konkreten Völkermordplan wird darin jedoch nicht gesehen.

Ich möchte zur jüdischen Frage folgendes bemerken:

Es ist ein beschämendes Schauspiel, heute zu sehen, wie die ganze Welt der Demokratie vor Mitleid trieft, dem armen gequälten jüdischen Volk gegenüber, allein hartherzig verstockt bleibt angesichts der dann doch offenkundigen Pflicht, zu helfen. Die Argumente, mit denen man die Nichthilfe entschuldigt, sprechen nur *für* uns Deutsche und Italiener.

Denn man sagt:

1. ›Wir‹ – also die Demokratien – ›sind nicht in der Lage, die Juden aufzunehmen!‹ Dabei kommen in diesen Weltreichen noch keine 10 Menschen auf den Quadratkilometer, während Deutschland 135 auf den Quadratkilometer zu ernähren hat, aber trotzdem dazu in der Lage sein soll.

2. Man versichert: Wir können sie nicht nehmen, außer denn sie erhalten z. B. von Deutschland einen bestimmten Kapitalsbetrag zur Einwanderung.
   Deutschland war allerdings jahrhundertelang gut genug, diese Elemente aufzunehmen, obwohl sie außer ansteckenden politischen und sanitären Krankheiten nichts besaßen. Was dieses Volk heute besitzt, hat es sich auf Kosten des nicht so gerissenen deutschen Volkes durch die übelsten Manipulationen erworben.

Wir machen heute nur wieder gut, was dieses Volk selbst verschuldet hat. Als einst das deutsche Volk um seine gesamten Ersparnisse kam aus jahrzehntelanger redlicher Arbeit, dank der von Juden angestifteten und durchgeführten Inflation, als die übrige Welt dem deutschen Volk seine Auslandskapitalien wegnahm, als man uns den ganzen Kolonialbesitz enteignete, da haben diese philanthropischen Erwägungen bei den demokratischen Staatsmännern anscheinend noch keinen entscheidenden Einfluß ausgeübt.

Ich kann diesen Herren heute nur versichern, daß wir dank der brutalen Erziehung, die uns die Demokratien 15 Jahre lang angedeihen ließen, vollständig verhärtet sind gegenüber allen sentimentalen Anwandlungen. […]

Denn Europa kann nicht mehr zur Ruhe kommen, bevor nicht die jüdische Frage ausgeräumt ist.

Es kann sehr wohl möglich sein, daß über diesem Problem früher oder später eine Einigung in Europa selbst zwischen solchen Nationen stattfindet, die sonst nicht so leicht den Weg zueinander finden würden. Die Welt hat Siedlungsraum genügend, es muß aber endgültig mit der Meinung gebrochen werden, als sei das jüdische Volk vom lieben Gott eben dazu bestimmt, in einem gewissen Prozentsatz Nutznießer am Körper und an der produktiven Arbeit anderer Völker zu sein.

Das Judentum wird sich genau so einer soliden aufbauenden

Tätigkeit anpassen müssen, wie es andere Völker auch tun, oder es wird früher oder später einer Krise von unvorstellbarem Ausmaße erliegen.

Und eines möchte ich an diesem vielleicht nicht nur für uns Deutsche denkwürdigen Tage nun aussprechen: Ich bin in meinem Leben sehr oft Prophet gewesen und wurde meistens ausgelacht. In der Zeit meines Kampfes um die Macht war es in erster Linie das jüdische Volk, das nur mit Gelächter meine Prophezeiungen hinnahm, ich würde einmal in Deutschland die Führung des Staates und damit des ganzen Volkes übernehmen und dann unter vielen anderen auch das jüdische Problem zur Lösung bringen. Ich glaube, daß dieses damalige schallende Gelächter dem Judentum in Deutschland unterdes wohl schon in der Kehle erstickt ist.

Ich will heute wieder ein Prophet sein: Wenn es dem internationalen Finanzjudentum in und außerhalb Europas gelingen sollte, die Völker noch einmal in einen Weltkrieg zu stürzen, dann wird das Ergebnis nicht die Bolschewisierung der Erde und damit der Sieg des Judentums sein, sondern die Vernichtung der jüdischen Rasse in Europa.

Denn die Zeit der propagandistischen Wehrlosigkeit der nicht-jüdischen Völker ist zu Ende. Das nationalsozialistische Deutschland und das faschistische Italien besitzen jene Einrichtungen, die es gestatten, wenn notwendig, die Welt über das Wesen einer Frage aufzuklären, die vielen Völkern instinktiv bewußt und nur wissenschaftlich unklar ist.

Augenblicklich mag das Judentum in gewissen Staaten seine Hetze betreiben unter dem Schutz einer dort in seinen Händen befindlichen Presse, des Films, der Rundfunkpropaganda, der Theater, der Literatur usw. Wenn es diesem Volke aber noch einmal gelingen sollte, die Millionenmassen der Völker in einen für diese gänzlich sinnlosen und nur jüdischen Interessen dienenden Kampf zu hetzen, dann wird sich die Wirksamkeit einer Aufklärung äußern, der in Deutschland allein schon in wenigen Jahren das Judentum restlos erlegen ist.

Die Völker wollen nicht mehr auf den Schlachtfeldern sterben, damit diese wurzellose internationale Rasse an den Geschäften des Krieges verdient und ihre alt-testamentarische Rachsucht befriedigt. Über die jüdische Parole ›Proletarier aller Länder, vereinigt euch‹ wird eine höhere Erkenntnis siegen, nämlich: Schaffende Angehörige aller Nationen, erkennt euren gemeinsamen Feind!

D: Keesings Archiv der Gegenwart. Hrsg. von Heinrich v. Siegler. Bd. 9. Bonn: Siegler, 1939. S. 3920.

2
Planungen zur Ansiedlung der europäischen Juden auf Madagaskar, 3. Juli 1940

Franz Rademacher, der das »Judenreferat« (D III) im Auswärtigen Amt von 1940 bis 1943 leitete, skizzierte am 3. Juli 1940 Planungen zur Ansiedlung der europäischen Juden auf Madagaskar.

Die Judenfrage im Friedensvertrage
Der bevorstehende Sieg gibt Deutschland die Möglichkeit und meines Erachtens auch die Pflicht, die Judenfrage in Europa zu lösen. Die wünschenswerte Lösung ist: Alle Juden aus Europa. [...]

Referat D III regt als Lösung der Judenfrage an: Frankreich muß im Friedensvertrag die Insel Madagaskar für die Lösung der Judenfrage zur Verfügung stellen und seine rund 25 000 dort ansässigen Franzosen aussiedeln und entschädigen. Die Insel wird Deutschland als Mandat übertragen. [...] Der nicht militärisch erforderliche Teil der Insel wird unter die Verwaltung eines deutschen Polizeigouverneurs gestellt, der der Verwaltung des Reichsführers SS untersteht. In diesem Territorium bekommen die Juden im übrigen Selbstverwaltung: eigene Bürgermeister, eigene Polizei, eigene Post- und Bahnverwaltung usw. Für den Wert der Insel haften die Juden als Gesamtschuldner. Zu diesem Zweck wird ihr bisheriges europäisches Vermögen einer zu gründenden europäischen Bank zur Verwertung übertragen. Soweit dieses Vermögen zur Bezahlung der Landwerte, die sie in die Hand bekommen, und der zum Aufbau der Insel notwendigen Warenaufkäufe in Europa nicht ausreicht, werden den Juden von der gleichen Bank bankmäßige Kredite zur Verfügung gestellt.

Da Madagaskar nur Mandat wird, erwerben die dort ansässigen Juden nicht die deutsche Staatsangehörigkeit. Allen nach Madagaskar deportierten Juden wird dagegen vom Zeitpunkt der Deportation ab von den einzelnen europäischen Ländern die Staatsangehörigkeit dieser Länder aberkannt. Sie werden dafür Angehörige des Mandats Madagaskar.

Diese Regelung vermeidet, daß die Juden sich etwa in Palästina einen eigenen Vatikanstaat gründen und damit den symbolischen Wert, den Jerusalem für den christlichen und mohammedanischen Teil der Welt hat, für ihre Ziele einspannen können. Außerdem bleiben die Juden als Faustpfand in deutscher Hand für ein zukünftiges Wohlverhalten ihrer Rassegenossen in Amerika.

Propagandistisch kann man die Großmut verwerten, die Deutschland durch Gewährung der kulturellen, wirtschaftlichen, verwaltungsmäßigen und justizmäßigen Selbstverwaltung an den Juden übt, und dabei betonen, daß uns unser deutsches Verantwortungsbewußtsein der Welt gegenüber verbietet, einer Rasse, die Jahrtausende keine staatliche Selbständigkeit gehabt hat, sofort einen unabhängigen Staat zu schenken; dafür bedürfe es noch der geschichtlichen Bewährung.

D: Akten zur deutschen auswärtigen Politik. Serie D, 1937–1945. Bd. 10: Die Kriegsjahre. Bd. 3: 23. Juni bis 31. August 1940. Hrsg. von Walter Bußmann [u. a.]. Göttingen: Vandenhoeck & Ruprecht, 1963, S. 92–94.

3
Beauftragung Reinhard Heydrichs mit der »Gesamtlösung der Judenfrage«, 31. Juli 1941

In seinem Schreiben ermächtigt Hermann Göring den Chef der Sicherheitspolizei und des SD, SS-Gruppenführer Reinhard Heydrich, mit der Vorbereitung einer »Gesamtlösung«. Nach dem Krieg sagte Adolf Eichmann aus, er habe dieses Schreiben entworfen.

In Ergänzung der Ihnen bereits mit Erlaß vom 24.1.1939 übertragenen Aufgabe, die Judenfrage in Form der Auswanderung oder Evakuierung einer den Zeitverhältnissen entsprechend möglichst günstigen Lösung zuzuführen, beauftrage ich Sie hiermit, alle erforderlichen Vorbereitungen in organisatorischer, sachlicher und materieller Hinsicht zu treffen für eine Gesamtlösung der Judenfrage in deutschen Einflußgebieten in Europa.

Sofern hierbei die Zuständigkeiten anderer Zentralinstanzen berührt werden, sind diese zu beteiligen.

Ich beauftrage Sie weiter, mir in Bälde einen Gesamtentwurf über die organisatorischen, sachlichen und materiellen Vorausmaßnahmen zur Durchführung der angestrebten Endlösung der Judenfrage vorzulegen.

D: wikisource.org.

4
Die Erschießung jüdischer Kinder in Belaja Cerkov', 20. August 1941

Der Bericht von Oberstleutnant Helmuth Groscurth vom 21. August 1941 an den Oberbefehlshaber der 6. Armee, Generalfeldmarschall Walter von Reichenau, ist eine der ganz wenigen Quellen, die eine gewisse Kritik am Vorgehen der Einsatzgruppen dokumentieren. Zugleich zeigt sich darin aber auch exemplarisch die Verwicklung der Wehrmacht in den Holocaust.

Am 20.8. gegen 16.00 Uhr meldeten sich bei mir die beiden Divisionspfarrer und teilten mir mit, daß in einem Hause der Stadt etwa 90 jüdische Kinder lägen, die seit etwa 24 Stunden ohne jede Nahrung und Wasser eingesperrt seien. Sie hätten sich auf Grund von Mitteilungen der Pfarrer des Kriegslazaretts die Verhältnisse angesehen. Sie seien unerträglich; der Versuch, den Ortskommandanten zum Einschreiten zu veranlassen, sei erfolglos geblieben. Die Div.-Pfarrer meldeten, daß die Zustände dringend einer Abhilfe bedürften, da zahlreiche Soldaten das Haus besichtigten und die sanitären Verhältnisse sich gefahrdrohend auswirken müßten, wie auch ein Oberarzt des Kriegslazaretts bestätigt habe.

Ich begab mich auf Grund dieser Meldung um 16.30 Uhr mit dem Ordonnanzoffizier, Oberleutnant Spoerhase, dem Div.-Pfarrer, Dr. Reuss, und dem Dolmetscher, Sonderführer Tischuk, in das Haus, das in einer Seitenstraße der Stadt etwa 50 m von der Straße abgesetzt lag. Das Haus war von der Straße aus zu sehen, das Gewimmer der Kinder zu hören. Auf dem Hof standen etwa 20 Unteroffiziere und Mannschaften. Vor dem Haus stand kein Posten. Einige bewaffnete Ukrainer standen auf dem Hof herum. Kinder lagen auf den Fensterbänken, die Fenster waren nicht geöffnet. Auf dem Flur des ersten Stockwerkes stand ein ukrainischer Posten, der sofort die Tür zu den Zimmern, in denen die Kinder untergebracht waren, öffnete. In den 3 zusammenhängenden Räumen befand sich ein weiterer ukrainischer Posten mit Gewehr. Die Räume waren angefüllt mit etwa 90 Kindern und mehreren Frauen. Im hintersten Zimmer, in dem fast nur Säuglinge lagen, machte eine Frau sauber. In den übrigen Zimmern herrschte ein unbeschreiblicher Schmutz, Lumpen, Windeln, Unrat lagen umher. Zahllose Fliegen bedeckten die teilweise nackten Kinder. Fast alle Kinder weinten oder wimmerten. Der Gestank war unerträglich. Eine deutschsprechende Frau behauptete, sie sei völlig unschuldig, habe sich um Politik nie gekümmert und sei nicht jüdisch. Inzwischen war ein Oberscharführer des SD hereingekommen, den ich fragte, was mit diesen Kindern geschehen solle. Er gab an, daß die Angehörigen der Kinder erschossen seien und daß die Kinder auch beseitigt werden sollten. Ich begab mich ohne jede Stellungnahme zur Ortskommandantur und verlangte von dem Kommandanten Aufklärung. Dieser erklärte sich für unzuständig, er habe auf die ihm bekannten Maßnahmen des SD keinerlei Einfluß, er schlüge vor, die Angelegenheit mit dem Feldkommandanten, Oberstleutnant Riedl, zu besprechen. Ich begab mich in Begleitung des Ortskommandanten und des O1 zu diesem. Der Feldkommandant gab an, daß der Führer des Sonderkommandos bei ihm gewesen sei, ihn über seine Aufgabe unterrichtet habe und sie mit Wissen des Feldkommandanten durchführe. Auf die Anordnungen des Obersturmführers habe er keinen Einfluß. Ich fragte den Feldkommandanten, ob er glaube, daß der Obersturmführer den Befehl von höchster Stelle habe, auch Kinder zu beseitigen, mir sei davon nichts bekannt. Der Feldkommandant erwiderte, er sei von der Richtigkeit und Notwendigkeit dieses Befehls überzeugt. Daraufhin verlangte ich, daß die Umgebung des Hauses so abgesperrt würde, daß die Truppe keinerlei Möglichkeit erhalte, diese Vorgänge zu beobachten, die bereits unter der Truppe zu erheblicher Kritik geführt habe [sic], da die in der Nähe einquartierten Soldaten die ganze Nacht das Gewimmer der Kinder gehört hätten. Ich verlangte weiter, daß die Durchführung des Abtransportes zur Erschießung unauffällig erfolgen müsse. Ich erklärte mich bereit, Truppen der Division zur Verfügung zu stellen, falls die Wachkräfte der Feldkommandantur nicht ausreichen sollten. Ich erklärte weiter, daß ich die Heeresgruppe sofort unterrichten würde zur Herbeiführung einer Entscheidung, ob die Erschießungen der Kinder fortgesetzt werden sollten. (Eine Anzahl von Kindern war nach Angabe des Feldkommandanten bereits am Tage zuvor beseitigt worden, und zwar durch die ukrainische Miliz auf Anordnung des SD.) […] Inzwischen war der Obersturmführer X. [Name mit Rücksicht auf einen laufenden Prozess ungenannt], Führer des Sonderkommandos, bei mir erschienen und verlangte eine Bestätigung des ihm übermittelten Befehls der Division. Er erbat schriftlichen Befehl. Dieses lehnte ich ab mit dem Bemerken, daß eine endgültige Entscheidung in kürzester Frist zu erwarten sei. Er erklärte in einem wenig militärischen Tone, er müsse diese Anordnung seiner vorgesetzten Dienststelle melden. Er habe klaren Befehl, die Maßnahmen durchzuführen. Hierauf erklärte ich, ich müsse auf meiner Anordnung bestehen und würde die Durchführung notfalls erzwingen. Ich erklärte nochmals ausdrücklich, daß mir die Weisungen der politischen Dienststelle bekannt seien, daß ich aber im Interesse der Aufrechterhaltung der Manneszucht der Truppe die Durchführung der Maßnahmen in geeigneter Form verlangen müsse. Der Entscheid der Armee müsse abgewartet werden.

Um 19.00 Uhr meldete ich dem Herrn Divisionskommandeur die Vorfälle und die bisher getroffenen Maßnahmen, die seine Zustimmung fanden.

Gegen 20.00 Uhr traf der Entscheid der Armee ein, daß die

weitere Durchführung aufzuschieben sei. Inzwischen war am Spätnachmittag bereits ein Lkw mit Kindern beladen und stand vor dem Hause. Der Feldkommandant wurde durch den O1 sofort unterrichtet, der Obersturmführer wurde vom O1 zum Div.Stabsquartier geholt, wo ich ihm die Weisung der Armee übermittelte. Ein Offizier des Div.Stabes kontrollierte die Durchführung und die inzwischen vom Feldkommandanten angeordnete Absperrung. Zu dieser Absperrung waren teilweise Ukrainer mit Gewehr ohne Ausweis eingesetzt. Diese Absperrung durch Ukrainer gegen deutsche Soldaten wurde abgestellt. Vom Feldkommandanten war inzwischen für Wasser und Brot für die Kinder gesorgt.

Am 21.8. gegen 11.00 Uhr erschien Hptm. [Hauptmann] Luley (Abw.Offz. AOK 6) mit dem Standartenführer Blobel und dem Obersturmführer X. zu der von der Armee befohlenen Besprechung. Diese fand beim Feldkommandanten statt. Hptm. Luley hatte sich vor seinem Eintreffen bei der Division die Örtlichkeiten angesehen, ohne aber das Haus und die Unterkunft der Kinder zu betreten.

Ich trug die Forderungen der Division vor und wies nachdrücklich darauf hin, daß das Einschreiten der Division lediglich wegen der Art der Durchführung erfolgt sei. […] Im weiteren Verlauf der Besprechung versuchte der Feldkommandant, die Angelegenheit auf das weltanschauliche Gebiet zu ziehen und eine Diskussion über grundsätzliche Fragen herbeizuführen. Er erklärte, daß er die Ausrottung der jüdischen Frauen und Kinder für dringend erforderlich halte, gleichgültig in welcher Form diese erfolgte. Er betonte mehrfach, daß durch die Maßnahmen der Division die Beseitigung der Kinder unnötig um 24 Stunden verzögert sei. Dieser Meinung schloß sich der Standartenführer an und fügte hinzu, daß es das beste sei, daß die Truppe, die schnüffele, die Erschießungen selbst vornähme und daß Kommandeure, die die Maßnahmen aufhielten, selbst das Kommando dieser Truppe übernähmen. Ich wies in ruhiger Form dieses Ansinnen zurück, ohne dazu Stellung zu nehmen, da ich jede persönliche Schärfe vermeiden wollte.

[...]

Daraufhin wurden die Einzelheiten der Durchführung der Erschießungen festgelegt. Sie sollen bis zum 22.8. abends erfolgen. An den Einzelheiten dieser Besprechung habe ich mich nicht mehr beteiligt. Die von mir geforderten Maßnahmen zur Fernhaltung der Truppe werden durchgeführt.

Anschließend hielt Hptm. Luley dem Herrn Divisionskommandeur Vortrag über das Ergebnis der Besprechung.

Abschließende Stellungnahme:

[...]

2. Die Durchführung der Erschießung hätte ohne jedes Aufsehen erfolgen können, wenn die Feldkommandantur wie auch die Ortskommandantur die nötigen Maßnahmen zur Fernhaltung der Truppe getroffen hätten. Durch das völlige Versagen der beiden Kommandanten wurden die Zwischenfälle hervorgerufen. Bei den Verhandlungen entstand der Eindruck, daß die gesamten Exekutionen auf einen Antrag des Feldkommandanten zurückzuführen sind. Aus der Erschießung der gesamten Judenschaft der Stadt ergab sich zwangsweise die Notwendigkeit der Beseitigung der jüdischen Kinder, vor allem der Säuglinge. Diese hätte sofort mit Beseitigung der Eltern erfolgen müssen, um diese unmenschliche Quälerei zu verhindern. Eine anderweitige Unterbringung der Kinder wurde vom Feldkommandanten und vom Obersturmführer für unmöglich erklärt, wobei der Feldkommandant mehrfach erklärte, diese Brut müsse ausgerottet werden.

D: Helmuth Groscurth: Tagebücher eines Abwehroffiziers 1938–1940. Mit weiteren Dokumenten zur Militäropposition gegen Hitler. Hrsg. von Helmut Krausnick und Harold C. Deutsch. Stuttgart: Deutsche Verlags-Anstalt, 1970. S. 534–537.

5
»Ereignismeldungen UdSSR«, Oktober 1941

Mit Beginn des deutschen Angriffs auf die Sowjetunion sammelte das RSHA Berichte, die von den Kommandos der Einsatzgruppen und deren Stäben angefordert worden waren. Daraus wurden Lagebeurteilungen, die »Ereignismeldungen UdSSR«, erstellt. Die Ereignismeldung Nr. 101 vom 2. Oktober 1941 berichtet u. a. vom Massaker in Babij Jar.

Ereignismeldung UdSSR Nr. 101
<u>I) Meldungen der Einsatzgruppen und -kommandos:</u>
Von den <u>Einsatzgruppen A und B</u> liegen keine Meldungen vor.
<u>Einsatzgruppe C</u>: Standort Kiew.
Das Sonderkommando 4a hat in Zusammenarbeit mit Gruppenstab und zwei Kommandos des Polizei-Regiments Süd am 29. und 30.9.41 in Kiew 33 771 Juden exekutiert.
<u>Einsatzgruppe D</u>: Standort Nikolajew.
Die Freimachung des Gebietes durch die Kommandos von Juden und kommunistischen Elementen wurde fortgesetzt. Insbesondere wurden in der Berichtszeit die Städte Nikolajew und Cherson von Juden freigemacht und noch vorhandene Funktionäre entsprechend behandelt. Vom 16.9. bis 30.9. wurden 22 467 Juden und Kommunisten exekutiert. […]

D: Die »Ereignismeldungen UdSSR« 1941. Hrsg. von Klaus-Michael Mallmann [u. a.]. Darmstadt: WBG, 2011. S. 615. – Mit freundlicher Genehmigung der WBG, Darmstadt.

6
Eintrag im Tagebuch Joseph Goebbels', 13. Dezember 1941

Goebbels' Tagebucheintrag zur »Judenfrage« bezieht sich in zweifacher Hinsicht auf Adolf Hitler. Dieser hatte am 12. Dezember

1941 bei einer Tagung der Reichs- und Gauleiter der NSDAP in Berlin eine Rede gehalten. Diese liegt allerdings nicht im Manuskript vor. Zudem bezieht sich Goebbels auf die Aussage Hitlers in seiner Rede vom 30. Januar 1939 (Quelle 1). Die Deutung dieses sehr kurzen Abschnitts in Goebbels' Aufzeichnungen zum 13. Dezember ist umstritten. Ist diese Tagebuchpassage als Beleg für Hitlers politische Grundsatzentscheidung zur Vernichtung aller europäischen Juden zu werten, die er am 12. Dezember 1941 den Versammelten mitgeteilt habe – so die These von Christian Gerlach (Kontroversen, 2)? Goebbels' Bemerkungen sind hier jedenfalls nicht eindeutig. So wäre zu fragen, warum Goebbels die Äußerungen Hitlers nicht deutlicher charakterisiert hat, sofern dieser am Vortag tatsächlich eine explizite Entscheidung verkündet haben sollte.

Bezüglich der Judenfrage ist der Führer entschlossen, reinen Tisch zu machen. Er hat den Juden prophezeit, daß, wenn sie noch einmal einen Weltkrieg herbeiführen würden, sie dabei ihre Vernichtung erleben würden. Das ist keine Phrase gewesen. Der Weltkrieg ist da, die Vernichtung des Judentums muß die notwendige Folge sein. Diese Frage ist ohne jede Sentimentalität zu betrachten. Wir sind nicht dazu da, Mitleid mit den Juden, sondern nur Mitleid mit unserem deutschen Volk zu haben. Wenn das deutsche Volk jetzt wieder im Ostfeldzug an die 160 000 Tote geopfert hat, so werden die Urheber dieses blutigen Konflikts dafür mit ihrem Leben bezahlen müssen. [...]

D: Die Tagebücher von Joseph Goebbels. Im Auftrag des Instituts für Zeitgeschichte und mit Unterstützung des Staatlichen Archivdienstes Rußlands hrsg. von Elke Fröhlich. Teil II, Diktate 1941–1945. Bd. 2, Oktober – Dezember 1941. Bearbeitet von Elke Fröhlich. München [u. a.]: Saur, 1996, S. 498 f. – Mit freundlicher Genehmigung von De Gruyter, Berlin.

7
Eintrag im Dienstkalender Heinrich Himmlers, 18. Dezember 1941

Heinrich Himmler und Adolf Hitler trafen am Nachmittag des 18. Dezember 1941, offenbar um 16 Uhr, im Führerhauptquartier Wolfsschanze zusammen. In seinem Dienstkalender notierte Himmler als ersten Besprechungspunkt die »Judenfrage«. Die drei Worte hinter dem senkrechten Strich – »als Partisanen auszurotten« – können als Ergebnis der Besprechung interpretiert werden. Unklarer ist hingegen, was mit »Partisanen« genau gemeint ist. Einige Holocaust-Historiker verstehen diesen Begriff »imaginär« und meinen, dieser hätte für Hitler und Himmler einen »globalen Sinn« gehabt. Auch wäre er auf die unterstellte jüdische Weltverschwörung bezogen gewesen (Gerlach, S. 22). Jedenfalls kann sich »Partisanen« nicht auf die jüdischen Partisanen in der Sowjetunion beziehen. Diese waren zum betreffenden Zeitpunkt größtenteils bereits tot.

Führerhauptquartier Führer
Wolfsschanze 18.XII.41 16?
Judenfrage. | als Partisanen auszurotten.

———
Neuorganisation d. Waffen SS.

———

Leibstandarte
Gebirgsdiv.

nach: Der Dienstkalender Heinrich Himmlers 1941/42. Im Auftrag der Forschungsstelle für Zeitgeschichte in Hamburg bearb., komm. und eingel. von Peter Witte [u. a.]. Hamburg 1999, S. 293.

8
Das Protokoll der Wannsee-Konferenz, 20. Januar 1942

Das Protokoll sowie die begleitenden Dokumente der Wannsee-Konferenz vom 20. Januar 1942 wurden von den Mitarbeitern des US-Anklägers Robert Kempner im Januar 1947 in Berlin in den Akten des Auswärtigen Amtes gefunden. Sie stammen aus dem Büro des Unterstaatssekretärs Martin Luther, der für das Auswärtige Amt an der Wannsee-Konferenz teilnahm.

Besprechungsprotokoll

I.

An der am 20.1.1942 in Berlin, Am Großen Wannsee Nr. 56/58, stattgefundenen Besprechung über die Endlösung der Judenfrage nahmen teil: […]

II.

Chef der Sicherheitspolizei und des SD, SS-Obergruppenführer Heydrich, teilte eingangs seine Bestellung zum Beauftragten für die Vorbereitung der Endlösung der europäischen Judenfrage durch den Reichsmarschall mit und wies darauf hin, daß zu dieser Besprechung geladen wurde, um Klarheit in grundsätzlichen Fragen zu schaffen. Der Wunsch des Reichsmarschalls, ihm einen Entwurf über die organisatorischen, sachlichen und materiellen Belange im Hinblick auf die Endlösung der europäischen Judenfrage zu übersenden, erfordert die vorherige gemeinsame Behandlung aller an diesen Fragen unmittelbar beteiligten Zentralinstanzen im Hinblick auf die Parallelisierung der Linienführung.

Die Federführung bei der Bearbeitung der Endlösung der Judenfrage liegt ohne Rücksicht auf geographische Grenzen zentral beim Reichsführer SS und Chef der Deutschen Polizei (Chef der Sicherheitspolizei und des SD).

Der Chef der Sicherheitspolizei und des SD gab sodann einen kurzen Rückblick über den bisher geführten Kampf gegen diesen Gegner. Die wesentlichsten Momente bilden

a) die Zurückdrängung der Juden aus den einzelnen Lebensgebieten des deutschen Volkes,
b) die Zurückdrängung der Juden aus dem Lebensraum des deutschen Volkes.

Im Vollzug dieser Bestrebungen wurde als einzige vorläufige Lösungsmöglichkeit die Beschleunigung der Auswanderung der Juden aus dem Reichsgebiet verstärkt und planmäßig in Angriff genommen.

Auf Anordnung des Reichsmarschalls wurde im Januar 1939 eine Reichszentrale für jüdische Auswanderung errichtet, mit deren Leitung der Chef der Sicherheitspolizei und des SD betraut wurde. Sie hatte insbesondere die Aufgabe

a) alle Maßnahmen zur *Vorbereitung* einer verstärkten Auswanderung der Juden zu treffen,
b) den Auswanderungsstrom zu *lenken*,
c) die Durchführung der Auswanderung im *Einzelfall* zu beschleunigen.

Das Aufgabenziel war, auf legale Weise den deutschen Lebensraum von Juden zu säubern.

Über die Nachteile, die eine solche Auswanderungsforcierung mit sich brachte, waren sich alle Stellen im klaren. Sie mußten jedoch angesichts des Fehlens anderer Lösungsmöglichkeiten vorerst in Kauf genommen werden.

Die Auswanderungsarbeiten waren in der Folgezeit nicht nur ein deutsches Problem, sondern auch ein Problem, mit dem sich die Behörden der Ziel- bzw. Einwandererländer zu befassen hatten. Die finanziellen Schwierigkeiten, wie Erhöhung der Vorzeige- und Landungsgelder seitens der verschiedenen ausländischen Regierungen, fehlende Schiffsplätze, laufend verschärfte Einwanderungsbeschränkungen oder -sperren, erschwerten die Auswanderungsbestrebungen außerordentlich. Trotz dieser Schwierigkeiten wurden seit der Machtübernahme bis zum Stichtag 31.10.1941 insgesamt rund 537 000 Juden zur Auswanderung gebracht. Davon

vom 30.1.1933 aus dem Altreich	rd. 360 000
vom 15.3.1938 aus der Ostmark	rd. 147 000
vom 15.3.1939 aus dem Protektorat Böhmen und Mähren	rd. 30 000.

Die Finanzierung der Auswanderung erfolgte durch die Juden bzw. jüdisch-politischen Organisationen selbst. Um den Verbleib der verproletarisierten Juden zu vermeiden, wurde nach dem Grundsatz verfahren, daß die vermögenden Juden die Abwanderung der vermögenslosen Juden zu finanzieren haben; hier wurde, je nach Vermögen gestaffelt, eine entsprechende Umlage bzw. Auswanderabgabe vorgeschrieben, die zur Bestreitung der finanziellen Obliegenheiten im Zuge der Abwanderung vermögensloser Juden verwandt wurde.

Neben dem Reichsmark-Aufkommen sind Devisen für Vorzeige- und Landungsgelder erforderlich gewesen. Um den deutschen Devisenschatz zu schonen, wurden die jüdischen Finanzinstitutionen des Auslandes durch die jüdischen Organisationen des Inlandes verhalten, für die Beitreibung entsprechender Devisenaufkommen Sorge zu tragen. Hier wurden durch diese ausländischen Juden im Schenkungswege bis zum 30.10.1941 insgesamt rund 9 500 000 Dollar zur Verfügung gestellt.

Inzwischen hat der Reichsführer SS und Chef der Deutschen Polizei im Hinblick auf die Gefahren einer Auswanderung im Kriege und im Hinblick auf die Möglichkeiten des Ostens die Auswanderung von Juden verboten.

III.
Anstelle der Auswanderung ist nunmehr als weitere Lösungsmöglichkeit nach entsprechender vorheriger Genehmigung durch den Führer die Evakuierung der Juden nach dem Osten getreten.

Diese Aktionen sind jedoch lediglich als Ausweichmöglichkeiten anzusprechen, doch werden hier bereits jene praktischen Erfahrungen gesammelt, die im Hinblick auf die kommende Endlösung der Judenfrage von wichtiger Bedeutung sind.

Im Zuge dieser Endlösung der europäischen Judenfrage kommen rund 11 Millionen Juden in Betracht, die sich wie folgt auf die einzelnen Länder verteilen: [...] [s. S. 145]

Unter entsprechender Leitung sollen im Zuge der Endlösung die Juden in geeigneter Weise im Osten zum Arbeitseinsatz kommen. In großen Arbeitskolonnen, unter Trennung der Geschlechter, werden die arbeitsfähigen Juden straßenbauend in diese Gebiete geführt, wobei zweifellos ein Großteil durch natürliche Verminderung ausfallen wird.

Der allfällig endlich verbleibende Restbestand wird, da es sich bei diesem zweifellos um den widerstandsfähigsten Teil handelt, entsprechend behandelt werden müssen, da dieser, eine natürliche Auslese darstellend, bei Freilassung als Keimzelle eines neuen jüdischen Aufbaues anzusprechen ist. (Siehe die Erfahrung der Geschichte.)

Im Zuge der praktischen Durchführung der Endlösung wird Europa vom Westen nach Osten durchgekämmt. Das Reichsgebiet einschließlich Protektorat Böhmen und Mähren wird, allein schon aus Gründen der Wohnungsfrage und sonstigen sozialpolitischen Notwendigkeiten, vorweggenommen werden müssen.

Die evakuierten Juden werden zunächst Zug um Zug in sogenannte Durchgangsghettos verbracht, um von dort aus weiter nach dem Osten transportiert zu werden.

Wichtige Voraussetzung, so führte SS-Obergruppenführer Heydrich weiter aus, für die Durchführung der Evakuierung überhaupt, ist die genaue Festlegung des in Betracht kommenden Personenkreises.

Es ist beabsichtigt, Juden im Alter von über 65 Jahren nicht zu evakuieren, sondern sie einem Altersghetto – vorgesehen ist Theresienstadt – zu überstellen.

Neben diesen Altersklassen – von den am 31.10.1941 sich im Altreich und der Ostmark befindlichen [!] etwa 280 000 Juden sind etwa 30 % über 65 Jahre alt – finden in den jüdischen Altersghettos weiterhin die schwerkriegsbeschädigten Juden und Juden mit Kriegsauszeichnungen (EK I) Aufnahme. Mit dieser zweckmäßigen Lösung werden mit einem Schlag die vielen Interventionen ausgeschaltet.

Der Beginn der einzelnen größeren Evakuierungsaktionen wird weitgehend von der militärischen Entwicklung abhängig sein. Bezüglich der Behandlung der Endlösung in den von uns besetzten und beeinflußten europäischen Gebieten wurde vorgeschlagen, daß die in Betracht kommenden Sachbearbeiter des Auswärtigen Amtes sich mit dem zuständigen Referenten der Sicherhcitspolizei und des SD besprechen. […]

IV.

Im Zuge der Endlösungsvorhaben sollen die Nürnberger Gesetze gewissermaßen die Grundlage bilden, wobei Voraussetzung für die restlose Bereinigung des Problems auch die Lösung der Mischehen- und Mischlingsfragen ist.

Chef der Sicherheitspolizei und des SD erörtert im Hinblick auf ein Schreiben des Chefs der Reichskanzlei zunächst theoretisch die nachstehenden Punkte:

1. *Behandlung der Mischlinge 1. Grades*

Mischlinge 1. Grades sind im Hinblick auf die Endlösung der

Judenfrage den Juden gleichgestellt. Von dieser Behandlung werden ausgenommen:

a) Mischlinge 1. Grades verheiratet mit Deutschblütigen, aus deren Ehe Kinder (Mischlinge 2. Grades) hervorgegangen sind. Diese Mischlinge 2. Grades sind im wesentlichen den Deutschen gleichgestellt.

b) Mischlinge 1. Grades, für die von den höchsten Instanzen der Partei und des Staates bisher auf irgendwelchen Lebensgebieten Ausnahmegenehmigungen erteilt worden sind.

   Jeder Einzelfall muß überprüft werden, wobei nicht ausgeschlossen wird, daß die Entscheidung nochmals zu Ungunsten des Mischlings ausfällt.

Voraussetzungen einer Ausnahmebewilligung müssen stets grundsätzliche Verdienste des in Frage stehenden Mischlings *selbst* sein. (Nicht Verdienste des deutschblütigen Eltern- oder Eheteiles.)

Der von der Evakuierung auszunehmende Mischling 1. Grades wird – um jede Nachkommenschaft zu verhindern und das Mischlingsproblem endgültig zu bereinigen – sterilisiert. Die Sterilisierung erfolgt freiwillig. Sie ist aber Voraussetzung des Verbleibens im Reich. Der sterilisierte »Mischling« ist in der Folgezeit von allen einengenden Bestimmungen, denen er bislang unterworfen ist, befreit.

2. *Behandlung der Mischlinge 2. Grades*

Die Mischlinge 2. Grades werden grundsätzlich den Deutschblütigen zugeschlagen, *mit Ausnahme folgender Fälle,* in denen die Mischlinge 2. Grades den Juden gleichgestellt werden:

a) Herkunft des Mischlings 2. Grades aus einer Bastardehe (beide Teile Mischlinge).

b) Rassisch besonders ungünstiges Erscheinungsbild des

Mischlings 2. Grades, das ihn schon äußerlich zu den Juden rechnet.

c) Besonders schlechte polizeiliche und politische Beurteilung des Mischlings 2. Grades, die erkennen läßt, daß er sich wie ein Jude fühlt und benimmt.

Auch in diesen Fällen sollen aber dann Ausnahmen nicht gemacht werden, wenn der Mischling 2. Grades deutschblütig verheiratet ist.

3. *Ehen zwischen Volljuden und Deutschblütigen*
Von Einzelfall zu Einzelfall muß hier entschieden werden, ob der jüdische Teil evakuiert wird, oder ob er unter Berücksichtigung auf die Auswirkungen einer solchen Maßnahme auf die deutschen Verwandten dieser Mischehe einem Altersghetto überstellt wird.

4. *Ehen zwischen Mischlingen 1. Grades und Deutschblütigen*
a) Ohne Kinder.
Sind aus der Ehe keine Kinder hervorgegangen, wird der Mischling 1. Grades evakuiert bzw. einem Altersghetto überstellt. (Gleiche Behandlung wie bei Ehen zwischen Volljuden und Deutschblütigen, Punkt 3.)
b) Mit Kindern.
Sind Kinder aus der Ehe hervorgegangen (Mischlinge 2. Grades), werden sie, wenn *sie den Juden gleichgestellt werden*, zusammen mit dem Mischling 1. Grades evakuiert bzw. einem Ghetto überstellt. Soweit diese Kinder *Deutschen gleichgestellt werden* (Regelfälle), sind sie von der Evakuierung auszunehmen und damit auch der Mischling 1. Grades.

5. *Ehen zwischen Mischlingen 1. Grades und Mischlingen 1. Grades oder Juden*
Bei diesen Ehen (einschließlich der Kinder) werden alle Teile wie Juden behandelt und daher evakuiert bzw. einem Altersghetto überstellt.

6. *Ehen zwischen Mischlingen 1. Grades und Mischlingen 2. Grades*
Beide Eheteile werden ohne Rücksicht darauf, ob Kinder vorhanden sind oder nicht, evakuiert bzw. einem Altersghetto überstellt, da etwaige Kinder rassenmäßig in der Regel einen stärkeren jüdischen Bluteinschlag aufweisen, als die jüdischen Mischlinge 2. Grades.

SS-Gruppenführer Hofmann steht auf dem Standpunkt, daß von der Sterilisierung weitgehend Gebrauch gemacht werden muß; zumal der Mischling, vor die Wahl gestellt, ob er evakuiert oder sterilisiert werden soll, sich lieber der Sterilisierung unterziehen würde.

Staatssekretär Dr. Stuckart stellt fest, daß die praktische Durchführung der eben mitgeteilten Lösungsmöglichkeiten zur Bereinigung der Mischehen- und Mischlingsfragen in dieser Form eine unendliche Verwaltungsarbeit mit sich bringen würde. Um zum anderen auf alle Fälle auch den biologischen Tatsachen Rechnung zu tragen, schlug Staatssekretär Dr. Stuckart vor, zur Zwangssterilisierung zu schreiten.

Zur Vereinfachung des Mischehenproblems müßten ferner Möglichkeiten überlegt werden mit dem Ziel, daß der Gesetzgeber etwa sagt: »Diese Ehen *sind* geschieden«.

Bezüglich der Frage der Auswirkung der Judenevakuierung auf das Wirtschaftsleben erklärte Staatssekretär Neumann, daß die in kriegswichtigen Betrieben im Arbeitseinsatz stehenden Juden derzeit, solange noch kein Ersatz zur Verfügung steht, nicht evakuiert werden könnten.

SS-Obergruppenführer Heydrich wies darauf hin, daß diese Juden nach den von ihm genehmigten Richtlinien zur Durchführung der derzeit laufenden Evakuierungsaktionen ohnedies nicht evakuiert würden.

Staatssekretär Dr. Bühler stellte fest, daß das Generalgouvernement es begrüßen würde, wenn mit der Endlösung dieser Frage im *Generalgouvernement begonnen würde,* weil einmal hier das Transportproblem keine übergeordnete Rolle spielt und arbeitseinsatzmäßige Gründe den Lauf dieser Aktion nicht behindern würden. Juden müßten so schnell wie möglich aus dem Gebiet des Generalgouvernements entfernt werden, weil gerade hier der Jude als Seuchenträger eine eminente Gefahr bedeutet und er zum anderen durch fortgesetzten Schleichhandel die wirtschaftliche Struktur des Landes dauernd in Unordnung bringt. Von den in Frage kommenden etwa 2 ½ Millionen Juden sei überdies die Mehrzahl der Fälle *arbeitsunfähig.*

Staatssekretär Dr. Bühler stellt weiterhin fest, daß die Lösung der Judenfrage im Generalgouvernement federführend beim Chef der Sicherheitspolizei und des SD liegt und seine Arbeiten durch die Behörden des Generalgouvernements unterstützt würden. Er hätte nur eine Bitte, die Judenfrage in diesem Gebiet so schnell wie möglich zu lösen.

Abschließend wurden die verschiedenen Arten der Lösungsmöglichkeiten besprochen, wobei sowohl seitens des Gauleiters Dr. Meyer als auch seitens des Staatssekretärs Dr. Bühler der Standpunkt vertreten wurde, gewisse vorbereitende Arbeiten im Zuge der Endlösung gleich in den betreffenden Gebieten selbst durchzuführen, wobei jedoch eine Beunruhigung der Bevölkerung vermieden werden müsse.

Mit der Bitte des Chefs der Sicherheitspolizei und des SD an die Besprechungsteilnehmer, ihm bei der Durchführung der Lösungsarbeiten entsprechende Unterstützung zu gewähren, wurde die Besprechung geschlossen.

	Land		Zahl
A.	Altreich		131.800
	Ostmark		43.700
	Ostgebiete		420.000
	Generalgouvernement		2.284.000
	Bialystok		400.000
	Protektorat Böhmen und Mähren		74.200
	Estland – judenfrei –		
	Lettland		3.500
	Litauen		34.000
	Belgien		43.000
	Dänemark		5.600
	Frankreich / Besetztes Gebiet		165.000
	Unbesetztes Gebiet		700.000
	Griechenland		69.600
	Niederlande		160.800
	Norwegen		1.300
B.	Bulgarien		48.000
	England		330.000
	Finnland		2.300
	Irland		4.000
	Italien einschl. Sardinien		58.000
	Albanien		200
	Kroatien		40.000
	Portugal		3.000
	Rumänien einschl. Bessarabien		342.000
	Schweden		8.000
	Schweiz		18.000
	Serbien		10.000
	Slowakei		88.000
	Spanien		6.000
	Türkei (europ. Teil)		55.500
	Ungarn		742.800
	UdSSR		5.000.000
	Ukraine	2.994.684	
	Weißrußland ausschl. Bialystok	446.484	
		Zusammen: über	11.000.000

D: Ausgewählte Dokumente zur Geschichte des Nationalsozialismus 1933–1945. Hrsg. von Hans-Adolf Jacobsen und Werner Jochmann. [Loseblatt-Ausg.] Bielefeld: Verlag Neue Gesellschaft, 1961–63. [Getrennt paginiert.]

9
Yehoshua Weiss über eine Razzia im Rahmen der »Aktion Reinhardt«, 28. September 1942

Diesen Brief vom 28. September 1942 schickte Yehoshua Weiss aus dem polnischen Podhajce im Generalgouvernement seinem Bruder Abraham Weiss in New York. Darin bezieht er sich auf die Razzia der deutschen Polizei und des ukrainischen Hilfspersonals, die am 21. September gegen die jüdischen Bewohner von Podhajce durchgeführt wurde. Etwa 1100 Personen wurden nach Bełżec deportiert. Der Brief wurde auf Jiddisch geschrieben.

Erster Halbfeiertag von Sukkot[1]*, den 28.9.1942.*

Nach dem großen Unglück[2] von Jom Kippur[3] war ich von Donnerstagmorgen, dem 24.9.1942, dem Tag vor dem Vorabend von Sukkot, bis jetzt nicht in der Lage, mich zu sammeln und zu überlegen, in welcher Situation wir uns befinden. Auch jetzt bin ich nicht fähig, die Tragweite der Geschehnisse abzuschätzen. Nur weil ich nun sehe, dass Gottes Zorn mit den 1100–1200 Opfern von Jom Kippur, unter denen auch ich zwei

1 Laubhüttenfest.

2 Gemeint ist die o. g. Razzia.

3 Sog. Versöhnungstag; der höchste jüdische Feiertag.

zu beklagen habe, nämlich die Eltern, Vater und Mutter, noch immer nicht gestillt ist und wiederum schwarze Wolken aufziehen, ist mir der Gedanke gekommen, dass ich die Bitterkeit meines Herzens, meine Gefühle zu Papier bringen sollte. Vielleicht wird das Schreiben die Leser erreichen, für die es bestimmt ist.

Seit einigen Wochen verdunkelt die Wolke eines [drohenden] Pogroms auch unseren Himmel, und jeder sorgt dafür, sich und die Seinen auf irgendeine Weise zu verstecken, um sich wenn möglich zu retten. Auch ich habe selbstverständlich dafür gesorgt. Unter Mühen und Todesangst nahm ich damals den Vater zu mir. Die Mutter dagegen blieb bei sich zu Hause, da sie in der Lage war, sich dort jederzeit zu verstecken. Es ging mir auch darum, dass wir verteilt waren, weil man nicht wissen kann, was gut ist und ob genügend Zeit sein würde, um bis zu mir zu kommen. Dass ich die Situation richtig eingeschätzt habe, hat sich wie folgt bewahrheitet: Nach ein paar Tagen, d. h. an Jom Kippur, zeigte sich, dass man uns mürbe gemacht hatte. Nach zwei Tagen [nämlich] kam jeder aus seinem Versteck heraus. Der Vater war auch nicht mehr in der Lage, länger bei mir im Versteck zu bleiben, und kehrte zu sich nach Hause zurück. Sein Gesundheitszustand verschlechterte sich, er wurde gänzlich hinfällig und konnte das Bett nicht mehr verlassen. Der Vorabend von Jom Kippur kam, und es war vollkommen ruhig. Ich war einige Male bei ihm. Das letzte Mal schärfte ich ihm ein, nicht zu fasten, nicht einmal für kürzeste Zeit, und er versprach es mir. Montag früh, an Jom Kippur um 7 Uhr, traf mich [die Nachricht] wie ein Blitz. Ich lag noch im Bett. Die Nächte verbrachten wir schon seit längerer Zeit im Versteck, und wenn der Tag anbrach, gingen wir schlafen. Man sagte, dass die Stadt umzingelt sei und der »Pogrom« bereits wüte. So blieben uns nur Sekunden, um uns ins Versteck zu retten, und an die Eltern konnten wir nicht mehr denken.

Selbst wenn ich mich hätte opfern wollen, wäre ich, sobald ich das Versteck verlassen hätte, sicher in die Falle gegangen, ohne mein Ziel zu erreichen. Meine Einschätzung in Bezug auf die Eltern hat sich nach Aussagen der Frau, die bei ihnen wohnte, als richtig erwiesen. Diese sagt aus, sie sei noch im Bett gewesen, als sie plötzlich das wilde Geschrei der [...][1] hörte. Sie sprang aus dem Bett, schaute aus dem Fenster und sah schon, wie man die Opfer abführte. Augenblicklich ging sie ins Zimmer meiner Eltern, die schon beteten, denn es war ja Jom Kippur. Die Mutter und die Mitbewohnerin liefen schnell ins Versteck. Die Mutter war bereits auf dem Dachboden, da besann sie sich plötzlich und ging zu ihrem großen Unglück zurück. Bald darauf kamen die Mörder und erschossen den Vater, der mit dem Gebetsschal im Bett lag, und er hauchte seine Seele aus.[2] Die Mutter reihten sie in die abzuführenden Opfer ein. Die Frau, die bei ihnen wohnte, blieb zwei Tage und zwei Nächte im Versteck und rettete sich auf diese Weise. Auch ich saß zwei Tage in Todesangst im Versteck. Erst am zweiten Tag nachmittags erfuhr ich durch Zufall von dem großen Unglück, das auch meine Mutter getroffen hatte.

Gleichzeitig wurde mir berichtet, dass der Judenrat, der diesmal verschont blieb und sich frei bewegte, die [Leichen der] Märtyrer einsammele und ein Massengrab herrichte, in dem nun auch mein heiliger Vater liege.

Unter Lebensgefahr lief ich noch auf den Friedhof und suchte den heiligen Märtyrer unter den anderen, die teilweise verstümmelt waren, und zog ihn eigenhändig heraus. Eigenhändig half ich dem Unbeschnittenen, das Grab zu schaufeln, stieg dann selbst dort hinunter, bettete den Märtyrer selbst zur ewigen »Ruhe« und schaufelte selbst die Grube zu, denn der Un-

1 Zwei Wörter unleserlich.

2 Der letzte Halbsatz im Original hebr.

beschnittene wollte keinen Finger dazu rühren. Auch Mania[1] war dabei, um den letzten Abschied vom Heiligen zu nehmen. Kaddisch sagte ich nicht, weil nur zwei Mitglieder des Judenrats anwesend waren.[2] Zu Mincha[3] waren knapp neun Volljährige anwesend. Ich rechnete eigenmächtig meinen fast neunjährigen Sohn hinzu und sagte das erste Kaddisch. Aber ich habe keine Hoffnung, dass ich es noch werde weiterführen können.[4] So ging es mit meinem heiligen Vater zu Ende. Mit der Mutter verhielt es sich, wie gesagt, noch viel schlimmer.

Während mein heiliger Vater seine heilige Seele aushauchte, musste sich meine Mutter den anderen Gehfähigen anschließen und wurde zum Sammelplatz gebracht, wo sie und die anderen, ihr finsteres Schicksal vor Augen, den ganzen Tag in der Sonne schmachteten. Erst am Abend wurden sie wie Schafe zur Bahnstation getrieben. Alte, Kinder und Gebrechliche wurden mit dem Auto gebracht und nach Bełżec verladen. Dort soll der Ort der Vernichtung dieser Märtyrer sein, aus denen, wie man sagt, Kunstdünger hergestellt wird. Die Opfer wurden vor dem Transport misshandelt – viele furchtbar geschlagen und wie eine abscheuerregende Sache behandelt. Vielleicht einem Prozent gelang es, zu flüchten; auch unter diesen gab es noch Opfer. Stellt Euch meinen psychischen Zustand vor: Mir war bewusst, dass die Mutter glücklich gewesen wäre, hätte sie den Vorzug gehabt, auch an Ort und Stelle zu

1 Mania Weiss, geb. Shulwolf (1900–1943), Ehefrau von Yehoshua Weiss.

2 Das jüdische Totengebet Kaddisch darf nur gesprochen werden, wenn ein Minjan – d. h. zehn erwachsene männliche Juden – anwesend ist.

3 Das Nachmittagsgebet.

4 Das Kaddisch soll von der Beerdigung an täglich ein Jahr lang gesprochen werden und danach an jedem Todestag des Vaters bzw. der Mutter.

sterben. Es gab noch schlimmere Begebenheiten, dass Eltern erwachsene Kinder verloren, ganz ohne Kinder blieben, und doch leben sie …

Es wurden auch ganze Stämme[1] entwurzelt. Aber ein [größerer] Schmerz vermag nicht, den anderen zu heilen. Eins nur beschäftigt die Überlebenden, wie lange ihr Leben noch dauern wird, der furchtbare Zustand, die moralische Erniedrigung, äußerste Beschränkung, der andauernde schreckliche Hunger; für Darbende […][2] noch weiter.

[…]

Mit der obigen sehr kurzen Charakteristik verfolgte ich die Absicht, zumindest ein »tipa min [ha]yam habakha«[3] für die Nachwelt zurückzulassen. Alles im Detail darzustellen, bin ich als Schreiber gänzlich ungeeignet, wie man aus dem Obigen ersehen mag. Darüber hinaus wäre ein Menschenleben zu kurz, um sämtliche Fälle, und besonders die den Judenrat betreffenden, zu Papier zu bringen. Vielleicht wird Gott helfen und wir können noch einiges mündlich der Mitwelt überliefern. Amen.

Ben Nun[4]

D: VEJ, Bd. 9, Dok. 148, S. 459–62. – Mit freundlicher Genehmigung von De Gruyter, Berlin.

1 Hier im Sinn von Sippen oder Großfamilien.
2 Ein Wort unleserlich.
3 Hebr.: Tropfen im Meer der Tränen.
4 Das Pseudonym bezieht sich vermutlich auf Yehoshua Ben Nun, der Nachfolger von Moses und Führer der Israeliten im Krieg gegen die Amalekiter war.

10
Bericht der polnischen Militärorganisation »Armia Krajowa« über die Vorgänge im Vernichtungslager Treblinka, 17. August und 5. Oktober 1942

Die polnische Bewegung »Armia Krajowa« (poln. »Landesarmee«) war die größte militärische Widerstandsorganisation im besetzten Europa. Sie verfügte über sehr präzise Kenntnisse von den Vorgängen in den Vernichtungslagern, hier verdeutlicht am Beispiel Treblinka und den u. a. aus dem Warschauer Ghetto ankommenden Zügen.

Nr. 30(55), 17.8.1942:
[…] Fortschreiten der Liquidierung des Warschauer Gettos. Die Abnahme der Einwohnerzahl im Getto in der jetzigen Phase muß auf etwa 200 000 Personen geschätzt werden, das sind 50 % des Zustandes vor dem 22. Juli. […] Hier eine Liste der Transporte nach Treblinka aus der Zeit vom 23.VII.–7.VIII.: […] 113 100 Menschen. Seit dem 6. d. M. ist in den Fahrplan ein zweiter Güterzug nach Treblinka als Sonderzug Nr. 9085 eingefügt worden, der in Warschau um 12.26 Uhr abfährt und Treblinka um 16.20 Uhr erreicht. Umfang ungefähr 5000 Personen. Um 9 Uhr morgens steht er auf dem Gleisanschluß bei der Stawki-Straße. Von der Reinigung der Waggons bis zur Ankunft in Treblinka stellt der Kommandant des Lagers das Personal.

Außer diesen Transporten aus Warschau kommen bereits jeden Tag zusätzliche Züge aus anderen Städten in Treblinka an. Anfang August z. B. aus Radom, insgesamt jeden Tag 3 Transporte, jeder mit 60 Waggons, davon 2 mit Bewachungsmannschaft, und 58 mit Juden mit 100 Menschen je Waggon. Nachdem die Lokomotive den Bahnhof verlassen hat, werden die Juden gezwungen, sich auszuziehen, scheinbar, um zum

Duschen zu gehen. Tatsächlich werden sie in die Gaskammern gebracht, dort vernichtet und dann in vorbereiteten Gruben vergraben, manchmal sogar noch lebend. Die Gruben werden mit Maschinen zugeschüttet. Die Gaskammern sind fahrbar und sie befinden sich über den Gruben. Am 5. VIII. befanden sich 40 000 Juden im Lager, und jeden Tag werden 5000 umgebracht. Die Ukrainer nehmen die Liquidierung unter deutschem Kommando vor. Die »Aktion« im Warschauer Getto dauert vermutlich bis 10. September. [...]

Nr. 37(62), 5.10.1942:
[...] Treblinka. Das Todeslager ist weiter in Betrieb. Transporte kommen aus allen Teilen des Generalgouvernements (zuletzt aus Radom, Siedlce und Międzyrzec). Momentan werden nicht zwanzig, sondern nur zehn Güterwaggons an den Bahnsteig gefahren, weil es eine längere Zeit dauert, bis man die Leichen derer, die unterwegs gestorben sind (20–30 %), beseitigt hat. Die Gaskammer arbeitet nach folgendem System: Außerhalb des Gebäudes läuft die ganze Zeit ein 20-PS Verbrennungsmotor. Sein Auspuff ist mit der Wand der Baracke verbunden und dadurch wird das Gas eingeführt. Das Gas ist eine Kombination einer giftigen Flüssigkeit, die mit dem Treibstoff des Motors vermischt ist, und tötet die eingeschlossenen Personen. Innerhalb des Lagers gibt es – zusätzlich zu den jüdischen Arbeitern – ein jüdisches Orchester und eine Gruppe jüdischer Frauen, die das Personal unterhalten soll.

Bis Ende August sind 320 Tausend Juden in Treblinka ermordet worden. [...]

D: Die Ermordung der europäischen Juden. Eine umfassende Dokumentation des Holocaust 1941–1945. Hrsg. von Peter Longerich. München/Zürich: Piper, 1989, Nr. 37, S. 437 f. und S. 439. – Mit freundlicher Genehmigung von Dieter Pohl, Klagenfurt.

11
Abgefangene Funksprüche mit der Anzahl der in den Vernichtungslagern ermordeten Juden (»Höfle-Telegramm«), 11. Januar 1943

Das sog. »Höfle-Telegramm« bezeichnet zwei vom britischen Abhördienst abgefangene und entschlüsselte Funksprüche. Hermann Höfle, der Leiter des Stabs »Einsatz Reinhardt«, teilt darin die Gesamtzahl von 1274166 der in den Vernichtungslagern Lublin-Majdanek (L), Bełżec (B), Sobibór (S) und Treblinka (T) bis zum 31. Dezember 1942 ermordeten Juden mit. Die Zahl 71355 für Treblinka ist dabei offensichtlich ein Tipp- oder Übertragungsfehler. Geht man stattdessen von 713555 Ermordeten aus, ergibt sich die richtige Summe. Die Bedeutung dieser Quelle wurde erst 2001 erkannt.

12. OMX de OMQ[1] 1000[2] 89 ??

Geheime Reichssache! An das Reichssicherheitshauptamt, zu Händen SS Obersturmbannführer EICHMANN, BERLIN ... rest missed...

13./15. OLQ de OMQ[1] 1005[2] 83 234 250

Geheime Reichssache! An den Befehlshaber der Sicherheitspol., zu Händen SS Obersturmbannführer HEIM, KRAKAU.

Betr.: 14-tägige Meldung Einsatz REINHART. Bezug: dort.

FS. Zugang bis 31.12.42, L 12761, B O, S 515, T 10335 zusammen 23611. Stand ... 31.12.42, L 24733, B 434508, S 101370, T 71355, zusammen 1274166.

SS und Pol.führer LUBLIN, HOEFLE, Sturmbannführer.

1 Sender- und Empfängerkennung.

2 Sendezeitpunkt.

Nach: Peter Witte, Stephen Tyas: A New Document on the Deportation and Murder of Jews during »Einsatz Reinhardt« 1942. In: Holocaust and Genocide Studies 15 (2001), S. 469.

12

Aus der Rede Heinrich Himmlers vor SS-Gruppenführern in Posen, 4. Oktober 1943

Die »Posener Rede« Himmlers vom 4. Oktober 1943 stellt eine Standortbestimmung in der kritischen Phase zu Beginn des fünften Jahres des Zweiten Weltkriegs dar. Himmler wollte die SS-Führer über die gegenwärtige Kriegssituation und seine Pläne für die Zukunft informieren, zugleich aber als SS-Chef seine Organisation auf den vorgegebenen Kurs einschwören. In dieser Rede, die sowohl als Tondokument sowie als nachträgliche Abschrift vorliegt, äußert sich ein Hauptverantwortlicher des Holocaust offen über den Massenmord an den Juden. Die betreffende Passage ist eingebettet in Ausführungen zur Kriegsführung im Osten sowie zum Selbstverständnis der SS im Vernichtungskrieg gegen die Sowjetunion.

Die Judenevakuierung

Ich will hier vor Ihnen in aller Offenheit, auch ein ganz schweres Kapitel erwähnen. Unter uns soll es einmal ganz offen ausgesprochen sein, und trotzdem werden wir in der Öffentlichkeit nie darüber reden. [...].

Ich meine jetzt die Judenevakuierung, die Ausrottung des jüdischen Volkes. Es gehört zu den Dingen, die man leicht ausspricht. – »Das jüdische Volk wird ausgerottet«, sagt ein jeder Parteigenosse, »ganz klar, steht in unserem Programm, Ausschaltung der Juden, Ausrottung, machen wir.« Und dann kommen sie alle an, die braven 80 Millionen Deutschen, und jeder hat seinen anständigen Juden. Es ist ja klar, die anderen sind Schweine, aber dieser eine ist ein prima Jude. Von allen, die so reden, hat keiner zugesehen, keiner hat es durchgestanden. Von Euch werden die meisten wissen, was es heisst, wenn 100 Leichen beisammen liegen, wenn 500 daliegen oder wenn 1000 daliegen. Dies durchgehalten zu haben, und dabei – abgesehen von Ausnahmen menschlicher Schwächen – anständig geblieben zu sein, das hat uns hart gemacht. Dies ist ein niemals geschriebenes und niemals zu schreibendes Ruhmesblatt unserer Geschichte [...].

D: Der Prozess gegen die Hauptkriegsverbrecher vor dem Internationalen Militärgerichtshof, Nürnberg 14. November 1945 – 1. Oktober 1946. Bd. 29. Nürnberg 1948, S. 145 f.

13
»Ukraine ohne Juden«. Eine Reportage von Wassili Grossman, 25. November / 2. Dezember 1943

Der russisch-jüdische Schriftsteller Wassili Grossman war als Kriegsreporter im Herbst 1943 dabei, als die Rote Armee die deutschen Besatzer nach fast zwei Jahren deutscher Herrschaft aus der Ukraine östlich des Dnjepr zurückdrängte. Grossman schildert seine Eindrücke in der Reportage »Ukraine ohne Juden«, welche am 25. November und am 2. Dezember 1943 in der Zeitung Ejnikajt *(Einheit) des »Jüdischen Antifaschistischen Komitees« der Sowjetunion erschien.*

Wo sind die Hunderttausende von Juden, die Greise und Kinder? Wo sind eine Million Menschen hingeraten, die drei Jahre zuvor friedlich mit den Ukrainern zusammengelebt haben, auf dieser Erde gelebt und gearbeitet haben?

Es hat keinen Sinn und es ist auch unmöglich, all die Juden

mit Namen zu nennen, die von den Faschisten vernichtet worden sind. Denn alle Ermordeten sind in gleichem Maße schuldlos. Sie alle kann man in eine traurige Liste aufnehmen. Sowohl die Weltberühmten, als auch die Jüdinnen aus den abgelegenen Schtetln, die nur mit Mühe ihr jiddisches Gebetbuch lesen konnten. Warum sollte man die einen erwähnen und die anderen nicht? Aber es ist doch unmöglich, Hunderttausende namentlich aufzuzählen! Es hat keinen Sinn und es ist auch niemand in der Lage, all die Orte zu nennen, wo im Herbst 1941 und im Sommer 1942 die Massenmorde an den Juden stattfanden. In jeder großen und jeder kleinen Stadt, in jedem Schtetl – überall fanden Massaker statt. Wenn in einem Schtetl hundert Juden lebten, dann wurden hundert ermordet, alle einhundert und keiner weniger; wenn in einer großen Stadt 55 000 Juden lebten, so ermordete man 55 000 und keinen weniger. Wir unterstreichen, dass sich die Ausrottung nach genauen, skrupulös zusammengestellten Listen vollzog, dass in diesen Listen weder die hundertjährigen Greise noch die Säuglinge ausgelassen wurden. In diese Todeslisten wurden alle Juden eingetragen, die die Deutschen in der Ukraine antrafen – jeder einzelne.

Die Ermordung der jüdischen Bevölkerung ging nach einem bestimmten Muster vor sich, entsprechend einer genauen Anweisung, in der angegeben war, wie man einen Alten tötet, der sich gerade noch auf den Beinen halten kann und wie man die Seele aus einem Kindchen herausprügelt, das noch keinen einzigen eigenen Schritt gemacht hat.

In Hunderten von Städten wurde zur ein und derselben Zeit befohlen, die Juden in Ghettos zu treiben. Dann wurden sie angewiesen, sich zu versammeln, je 15 Kilogramm Gepäck mitzunehmen, und man führte sie aus der Stadt hinaus. Dort wurden sie mit Maschinengewehren erschossen. Zufällige Zeugen dieser Massenmorde sind noch heute, nach zwei Jahren, angesichts dieses Albtraums völlig fassungslos. Blut tropft ihnen aus den Augen, wenn sie sich an diese Bilder des Schreckens und des Wahnsinns erinnern.

Es ist unmöglich, all jene Obersten, Generäle, Majore, Hauptleute und Leutnants der deutschen Wehrmacht aufzuzählen, all die Gestapoleute, die die Ermordung der jüdischen Bevölkerung organisierten. Es ist unmöglich, all jene Soldaten, Gefreiten, Obergefreiten, Unteroffiziere, Gendarmen und Polizisten aufzuzählen, die diesen Mord ausführten.

In den besetzten Gebieten strafen und morden die Deutschen schon für das kleinste Vergehen – für die Aufbewahrung eines Dolches oder eines zu nichts mehr zu gebrauchenden Revolvers, mit dem die Kinder spielen, für ein vorlautes Wort, das dem Mund entschlüpft, für den Versuch, das eigene, von den Faschisten angezündete Haus zu löschen, für die Weigerung, nach Deutschland zur Zwangsarbeit zu fahren, für einen Schluck Wasser, den man einem Partisanen gegeben hat – für all das verlieren Tausende von Geiseln ihr Leben; erschossen wird jeder Passant, der sich nicht vor einem deutschen Offizier verbeugt.

Aber die Juden vernichteten die Deutschen allein deshalb, weil sie Juden waren. Für die Deutschen gibt es keine Juden, die das Recht hätten, auf Erden zu existieren. Jude zu sein ist das allergrößte Verbrechen, und dafür wird man umgebracht. Also haben die Deutschen alle Juden in der Ukraine ermordet. Und so haben sie die Juden in vielen anderen Ländern Europas ermordet.

Vor allem wurden die Greise und Greisinnen, die Kranken und die Kinder vernichtet. Das kam daher, weil sich die arbeitsfähigen Männer und Frauen sowie die Jugend der Evakuierung hatten anschließen können; sie zogen sich zusammen mit der Roten Armee zurück, sie kämpfen an den Fronten oder arbeiten in der Verteidigung. In der Ukraine blieben nur jene zurück, die physisch nicht in der Lage waren, wegzugehen. Ihnen – den Alten, Kranken und Kindern – haben die Deutschen ein Blutbad bereitet und alle ohne Ausnahme ausgerottet.

Seit Bestehen der Menschheit hat es kein solch unerhörtes Massaker, keine solche organisierte Massenausrottung vollkommen unschuldiger, schutzloser Menschen gegeben. Das ist das größte Verbrechen, das die Geschichte kennt – und die Geschichte kennt doch nicht wenige Übeltaten. Weder Herodes, noch Nero, noch Caligula, noch die tatarischen Chane – niemand hat so viel Blut auf der Erde vergossen, niemand hat solche Verbrechen begangen. Denn hier geht es wirklich um die Ausrottung eines ganzen Volkes, um die Vernichtung von Millionen Kindern, Frauen und Alten.

Das menschliche Gehirn hat eine unglückselige oder vielleicht auch eine glückliche Eigenschaft: Wenn wir in der Zeitung über den Untergang von Millionen gelesen oder davon aus dem Radio erfahren haben, können wir das Geschehen nicht erfassen, nicht bewusst begreifen. Wir sind nicht in der Lage, uns die Tragödie, die sich ereignet hat, vorzustellen, sie vor unserem geistigen Auge abrollen zu lassen und ihre Tiefe zu ermessen. Ein Mensch, der zufällig einen Blick in eine Leichenhalle geworfen oder gesehen hat, wie ein Lastwagen eine achtjährige Schülerin überfahren hat, ist einige Tage nicht ganz er selbst, kann nicht schlafen und hat keinen Appetit. Aber es gibt keinen Menschen mit einem so vibrierenden Herzen, einem solch einfühlsamen Verstand, mit solch einer Vorstellungskraft, mit einem so gewaltigen Gefühl für Humanität und Gerechtigkeit, dass er imstande wäre, den Albtraum dessen, was geschehen ist, zu ermessen, wenn er davon in einem Buch oder in der Zeitung gelesen hat. Diese Beschränktheit ist auch eine glückliche Eigenschaft des menschlichen Bewusstseins, sie schützt die Menschen vor moralischer Qual und davor, den Verstand zu verlieren. Zugleich ist diese Beschränktheit auch eine unglückliche Eigenschaft unseres Bewusstseins:

Sie macht uns leichtsinnig, erlaubt es uns (wenn auch nur für einen Augenblick), die größte Untat der Welt zu vergessen.

Aber mir scheint, dass es in dieser grausamen und schrecklichen Zeit, in der unsere Generation dazu verurteilt ist, auf der Erde zu leben, nicht erlaubt ist, sich mit dem Verbrechen abzufinden, dass es nicht angeht, gleichgültig und sich selbst und anderen gegenüber moralisch anspruchslos zu sein.

D: Besatzung, Kollaboration, Holocaust. Neue Studien zur Verfolgung und Ermordung der europäischen Juden. Hrsg. von Johannes Hürter und Jürgen Zarusky. Mit einer Reportage von Wassili Grossman. München: Oldenbourg, 2008, S. 198–200. – Mit freundlicher Genehmigung von De Gruyter, Berlin.

14
»Im Abgrund des Verbrechens«. Eine Chronik aus Auschwitz

Im November 1953 wurden in Auschwitz aufgrund von Hinweisen Überlebender chronikalische Aufzeichnungen in jiddischer Sprache ausgegraben. Der Verfasser ist nicht bekannt. Das Original befindet sich heute im Jüdischen Historischen Museum in Warschau. Die letzten Aufzeichnungen dokumentieren u. a. die auf Befehl Himmlers vorgenommene Zerstörung der Krematorien, die vor dem Hintergrund der nahenden Roten Armee erfolgte. Die Spuren des Massenmordes in Auschwitz sollten beseitigt werden. Die erwähnte Wiederverwertung von Teilen der Krematorien in anderen KZs ist zwischenzeitlich eindeutig belegt, etwa für Mauthausen.

Es war um die Sommermitte 1944. Man hatte 200 jüdische Burschen aus Ungarn zum Erschießen gebracht. Sie zogen sich im Hof des Krematoriums I nackt aus. Sie hatten alle einen Streifen mitten über den Kopf geschoren. Als der Mörder,

Oberscharführer Muhsfeld, kam, befahl er ihnen, ins Krematorium II zu gehen. Von dem Tor des einen Krematoriums zum anderen führt eine Straße von etwa 60 m Länge. Er ließ unser ganzes Kommando Spalier stehen, damit die nackten Juden nicht auseinanderliefen. Sie wurden nackt gejagt wie die Schafe, und die ganze Zeit schlug man mit Stöcken auf ihre Köpfe. Auf der anderen Seite wurden sie in eine kleine Kammer getrieben, wo man sie zusammenpferchte; von dort holte man sie einzeln zum Erschießen.

Aus irgendeinem Lager brachte man eine Gruppe ausgehungerter abgemagerter Juden. Sie zogen sich auf dem Hof aus. Zum Erschießen gingen sie einzeln. Sie waren furchtbar ausgehungert und flehten, man möge ihnen für den kurzen Augenblick, den sie noch zu leben hatten, ein Stück Brot geben. Man brachte viel Brot herbei. Ihre ermatteten und von entsetzlichem Hunger erloschenen Augen flammten in wildem Freudenrausch auf: mit beiden Händen ergriffen sie das Brotstück und verschlangen es gierig, während sie über die Stiege zum Erschießen gingen. Sie waren über das erhaltene Brot so beglückt, daß sie den Tod viel leichter ertrugen. So konnten die Nazis Menschen foltern und ihre Seelen beherrschen. Es sei hervorgehoben, daß sie alle erst ein paar Wochen von zu Hause weg waren.

Es war Ende 1944. Man brachte einen Transport aus der Slowakei. Alle wußten, daß sie unweigerlich in den Tod fuhren, trotzdem bewahrten sie völlige Ruhe. Als sie sich ausgezogen hatten und nackt in die Gaskammer gingen, sagte eine der Frauen: »Vielleicht geschieht mit uns doch ein Wunder?«

Am 14. Oktober 1944 ging man daran, die Mauern des Krematoriums III abzutragen. Diese Arbeit führte das Sonderkommando aus.

Am 20. Oktober brachte man zwei kleine Autos und einen Gefängniswagen, angefüllt mit Dokumenten über Häftlinge,

Karteien, Sterbeurkunden, Anklageschriften usw. zum Verbrennen.

Heute, am 25. November, hat man begonnen, das Krematorium I abzureißen. Dann soll das Krematorium II abgetragen werden. Interessant, daß zuerst der Motor, der zum Auspumpen der Luft dient, und die Rohre abmontiert werden; jener wird nach Mauthausen, diese werden nach Groß-Rosen geschickt. Da sie nur für Vergasungen in größerem Maßstab dienen – in den Krematorien III und IV hat es solche Einrichtungen gar nicht gegeben –, liegt der Verdacht nahe, daß in den erwähnten Lagern die gleichen Vernichtungsanlagen für Juden errichtet werden.

Ich bitte, alle meine seinerzeit vergrabenen Schilderungen und Notizen mit der Unterschrift I. A. R. A. zu ordnen und unter dem Titel »Im Abgrund des Verbrechens« zu veröffentlichen. Sie befinden sich in verschiedenen Schachteln und Gläsern im Hof des Krematoriums II. Ebenso zwei größere Berichte, von denen einer, betitelt »Aussiedlung« im Grab mit Knochen im Krematorium I und der andere, betitelt »Auschwitz« in einem Knochenhaufen an der Südwestseite des gleichen Hofes liegt. Dann habe ich das noch einmal abgeschrieben, vervollständigt und an einer anderen Stelle unter der Asche im Krematorium II eingegraben.

Jetzt gehen wir, die 170 übriggebliebenen Männer, zu unseren Frauen. Wir sind überzeugt, daß man uns in den Tod führt. 30 Leute hat man ausgesucht, um sie im Krematorium IV zu lassen.

Heute, am 26. November 1944.

D: Auschwitz. Zeugnisse und Berichte. Hrsg. von H. G. Adler, Hermann Langbein, Ella Lingens-Reiner. Mit einer Einführung zur 6. Auflage von Katharina Stengel. Hamburg: Europäische Verlagsanstalt, 2014, S. 76 f. –

Literaturverzeichnis

Quellen

VEJ Die Verfolgung und Ermordung der europäischen Juden durch das nationalsozialistische Deutschland 1933–1945. Hrsg. im Auftrag des Bundesarchivs [u. a.] von Susanne Heim, Ulrich Herbert [u. a.]. Bde. 1–5, 7, 9, 12. Berlin/München: Oldenbourg, 2008–2014.

Auschwitz. Zeugnisse und Berichte. Hrsg. von H. G. Adler, Hermann Langbein, Ella Lingens-Reiner. 3. Aufl. Köln / Frankfurt a. M. 1984.

Besatzung, Kollaboration, Holocaust. Neue Studien zur Verfolgung und Ermordung der europäischen Juden. Hrsg. von Johannes Hürter und Jürgen Zarusky. Mit einer Reportage von Wassili Grossman. München 2008.

Denkschrift Himmlers über die Behandlung der Fremdvölkischen im Osten (Mai 1940). In: Vierteljahrshefte für Zeitgeschichte 5 (1957) S. 194–98.

Der Dienstkalender Heinrich Himmlers 1941/42. Im Auftrag der Forschungsstelle für Zeitgeschichte in Hamburg bearb., komm. und eingel. von Peter Witte [u. a.]. Hamburg 1999.

Die »Ereignismeldungen UdSSR« 1941. Hrsg. von Klaus-Michael Mallmann [u. a.]. Darmstadt 2011.

Die Ermordung der europäischen Juden. Eine umfassende Dokumentation des Holocaust 1941–1945. Hrsg. von Peter Longerich. München/Zürich 1989.

Gedenkbuch – Opfer der Verfolgung der Juden unter der nationalsozialistischen Gewaltherrschaft 1933–1945. Hrsg. vom Bundesarchiv Koblenz. Aktualisierte Online-Version unter: www.bundesarchiv.de/gedenkbuch/

Hitler. Reden und Proklamationen 1932–1945. Kommentiert von einem deutschen Zeitgenossen. Hrsg. von Max Domarus. Bd. 2. Neustadt a. d. Aisch 1963.

Der Prozess gegen die Hauptkriegsverbrecher vor dem Internationalen Militärgerichtshof, Nürnberg 14. November 1945 – 1. Oktober 1946. Nürnberg 1948.

Die Wannsee-Konferenz am 20. Januar 1942. Dokumente, Forschungsstand, Kontroversen. Hrsg. von Norbert Kampe und Peter Klein. Köln u. a. 2013.

Zur Weiterarbeit empfohlene Grundlagenwerke

Bajohr, Frank / Pohl, Dieter: Der Holocaust als offenes Geheimnis. Die Deutschen, die NS-Führung und die Alliierten. München 2006.

Benz, Wolfgang: Der Holocaust. 8. Aufl. München 2014.

– (Hrsg.): Lexikon des Holocaust. München 2002.

Brakel, Alexander: Der Holocaust. Judenverfolgung und Völkermord. Berlin 2008.

Der Holocaust. Ergebnisse und neue Fragen der Forschung. Hrsg. von Frank Bajohr und Andrea Löw. Frankfurt a. M. 2015. (bes. Dritter Teil, S. 305–546).

Friedländer, Saul: Das Dritte Reich und die Juden 1933–1945. München 2013.

Herbert, Ulrich: Geschichte Deutschlands im 20. Jahrhundert. München 2014.

Hilberg, Raul: Die Vernichtung der europäischen Juden. 3 Bde. 11. Aufl. Frankfurt a. M. 2010.

Kißener, Michael: Das Dritte Reich. Darmstadt 2005.

Mommsen, Hans: Das NS-Regime und die Auslöschung des Judentums in Europa. Göttingen 2014.

Pohl, Dieter: Verfolgung und Massenmord in der NS-Zeit 1933–1945. 3. Aufl. Darmstadt 2011.

Im Text zitierte Literatur

Aly, Götz / Heim, Susanne: Vordenker der Vernichtung. Auschwitz und die deutschen Pläne für eine neue europäische Ordnung. 5. Aufl. Frankfurt a. M. 2004.

Aly, Götz: Hitlers Volksstaat. Raub, Rassenkrieg und nationaler Sozialismus. Frankfurt a. M. 2005.

Bajohr, Frank: Neuere Täterforschung. Version: 1.0, in: Docupedia-Zeitgeschichte 18.6.2013. URL: www.docupedia.de/zg/Neuere_Taeterforschung?oldid=86938

Bergmann, Werner: Artikel »Antisemitismus«. In: Enzyklopädie des Nationalsozialismus. Hrsg. von Wolfgang Benz [u. a.]. 3. Aufl. Stuttgart 1997. S. 365–367.

Broszat, Martin: Hitler und die Genesis der »Endlösung«. Aus Anlaß der Thesen von David Irving. In: Vierteljahrshefte für Zeitgeschichte 25 (1977) S. 739–775.

Browning, Christopher: Die Entfesselung der »Endlösung«. Nationalsozialistische Judenpolitik 1939–1942. Mit einem Beitrag von Jürgen Matthäus. München 2003.

– Ganz normale Männer. Das Reserve-Polizeibataillon 101 und die »Endlösung« in Polen. 7. Aufl. Reinbek 1999.

Cüppers, Martin: Wegbereiter der Shoa. Die Waffen-SS, der Kommandostab Reichsführer-SS und die Judenvernichtung 1939–1945. Darmstadt 2005.

Fleming, Gerald: Hitler und die Endlösung. »Es ist des Führers Wunsch …«. Wiesbaden/München 1982.

Frieden, Kirstin: Neuverhandlungen des Holocaust. Mediale Transformationen des Gedächtnisparadigmas. Bielefeld 2014.

Friedländer, Saul: Erlösungsantisemitismus. Zur Ideologie der »Endlösung«. In: Den Holocaust beschreiben. Auf dem Weg zu einer integrierten Geschichte. Hrsg. von S. F. Göttingen 2007. S. 28–51.

Gerlach, Christian: Die Wannsee-Konferenz, das Schicksal der deutschen Juden und Hitlers politische Grundsatzentscheidung, alle Juden Europas zu ermorden. In: WerkstattGeschichte 18 (1997) S. 7–44.

Goldhagen, Daniel Jonah: Hitlers willige Vollstrecker. Ganz gewöhnliche Deutsche und der Holocaust. Berlin 1996 – Taschenbuchausgabe: München 2012.

Gross, Raphael: November 1938. Die Katastrophe vor der Katastrophe. München 2013.

Herbert, Ulrich: Vernichtungspolitik. Neue Antworten und Fragen zur Geschichte des Holocaust. In: Nationalsozialistische Vernichtungspolitik 1939–1945. Neue Forschungen und Kontroversen. Hrsg. von U. H. Frankfurt a. M. 1998. S. 9–66.

Jäckel, Eberhard: Das deutsche Jahrhundert. Eine historische Bilanz. Stuttgart 1996.

Kershaw, Ian: Hitler. 2 Bde. Stuttgart 1998–2000.

Laqueur, Walter: Was niemand wissen wollte. Die Unterdrückung der Nachrichten über Hitlers »Endlösung«. Frankfurt a. M. 1981.

Moltke, Freya von [u. a.]: Helmuth James von Moltke 1907–1945. Anwalt der Zukunft. Stuttgart 1975.

Mommsen, Hans: Die Realisierung des Utopischen. Die »Endlösung der Judenfrage« im »Dritten Reich«. In: Geschichte und Gesellschaft 9 (1983) S. 381–420.

Müller, Tim B.: Vom Streben nach Normalität. Ulrich Herberts Geschichte Deutschlands im 20. Jh. zeigt das Land, wie es war, wie es ist. In: Süddeutsche Zeitung, 13.5.2014, S. 15.

Pohl, Dieter: Massengewalt und der Mord an den Juden im »Dritten Reich«. In: Holocaust und Völkermorde. Die Reichweite des Vergleichs. Hrsg. von Sybille Steinbacher. Frankfurt a. M. / New York 2012. S. 107–123.

Schleunes, Karl A.: The twisted road to Auschwitz. Nazi policy towards German Jews 1933–1939. Chicago 1970.

Schneider, Michael: Die »Goldhagen-Debatte«. Ein Historikerstreit in der Mediengesellschaft. Bonn 1997.

Snyder, Timothy: Bloodlands. Europa zwischen Hitler und Stalin. München 2011.

Ullrich, Volker: Adolf Hitler. Die Jahre des Aufstiegs. Frankfurt a. M. 2013.

– Hitlers zufriedene Räuber. In: Die Zeit 10. März 2005. S. 49 f.

Verbrechen der Wehrmacht. Bilanz einer Debatte. Hrsg. von Christian Hartmann [u. a.]. München 2005.

Walser Smith, Helmut: Fluchtpunkt 1941. Kontinuitäten der deutschen Geschichte. Stuttgart 2010.

Zmarzlik, Hans-Günter: Antisemitismus im deutschen Kaiserreich 1871–1918. In: Die Juden als Minderheit in der Geschichte. Hrsg. von Bernd Martin und Ernst Schulin. Freiburg 1983. S. 249–270.